Mark Heidmann

Der Gigaliner in Deutschland und Europa

Entwicklung, aktuelle Diskussion und Blick in die Zukunft

Diplomica Verlag GmbH

Heidmann, Mark: Der Gigaliner in Deutschland und Europa: Entwicklung, aktuelle Diskussion und Blick in die Zukunft, Hamburg, Diplomica Verlag GmbH 2013

Buch-ISBN: 978-3-8428-6902-8
PDF-eBook-ISBN: 978-3-8428-1902-3
Druck/Herstellung: Diplomica® Verlag GmbH, Hamburg, 2013

Bibliografische Information der Deutschen Nationalbibliothek:
Die Deutsche Nationalbibliothek verzeichnet diese Publikation in der Deutschen Nationalbibliografie; detaillierte bibliografische Daten sind im Internet über http://dnb.d-nb.de abrufbar.

Das Werk einschließlich aller seiner Teile ist urheberrechtlich geschützt. Jede Verwertung außerhalb der Grenzen des Urheberrechtsgesetzes ist ohne Zustimmung des Verlages unzulässig und strafbar. Dies gilt insbesondere für Vervielfältigungen, Übersetzungen, Mikroverfilmungen und die Einspeicherung und Bearbeitung in elektronischen Systemen.

Die Wiedergabe von Gebrauchsnamen, Handelsnamen, Warenbezeichnungen usw. in diesem Werk berechtigt auch ohne besondere Kennzeichnung nicht zu der Annahme, dass solche Namen im Sinne der Warenzeichen- und Markenschutz-Gesetzgebung als frei zu betrachten wären und daher von jedermann benutzt werden dürften.

Die Informationen in diesem Werk wurden mit Sorgfalt erarbeitet. Dennoch können Fehler nicht vollständig ausgeschlossen werden und die Diplomica Verlag GmbH, die Autoren oder Übersetzer übernehmen keine juristische Verantwortung oder irgendeine Haftung für evtl. verbliebene fehlerhafte Angaben und deren Folgen.

Alle Rechte vorbehalten

© Diplomica Verlag GmbH
Hermannstal 119k, 22119 Hamburg
http://www.diplomica-verlag.de, Hamburg 2013
Printed in Germany

Inhalt

Abbildungsverzeichnis 6

Abkürzungsverzeichnis 8

1 Zielformulierung und methodischer Aufbau 9

2 Entwicklung des Gigaliners 11

   2.1 Begriffserklärung 11

   2.2 Historischer Hintergrund 12

   2.3 Technische Aspekte und rechtliche Grundlagen 14

   2.4 Aktueller Feldversuch Lang-Lkw 16

3 Diskussion in Deutschland 23

   3.1 Argumentation der Befürworter und Gegner 23

      3.1.1 Akzeptanz in der Bevölkerung 24

      3.1.2 Verkehrssicherheit 38

      3.1.3 Modal Split 47

      3.1.4 Externe Kosten 57

   3.2 Zusammenfassung und Beurteilung der Argumentation 62

5 Zusammenfassung und Ausblick 68

Quellenverzeichnis 70

Anlagenverzeichnis 76

   Anlage 1 76

   Anlage 2 80

Abbildungsverzeichnis

Abb. 1:	Das Europäische Modulare System.	15
Abb. 2:	Volumenzug.	15
Abb. 3:	Gewichtszug.	16
Abb. 4:	Sattelzugmaschine mit Sattelanhänger (Sattelkraftfahrzeug) bis zu einer Gesamtlänge von 17,80 Metern.	18
Abb. 5:	Sattelkraftfahrzeug mit Zentralachsanhänger bis zu einer Gesamtlänge von 25,25 Metern.	18
Abb. 6:	Lastkraftwagen mit Untersetzachse und Sattelanhänger bis zu einer Gesamtlänge von 25,25 Metern.	18
Abb. 7:	Sattelkraftfahrzeug mit einem weiteren Sattelanhänger bis zu einer Gesamtlänge von 25,25 Metern.	19
Abb. 8:	Lastkraftwagen mit einem Anhänger bis zu einer Gesamtlänge von 24,00 Metern.	19
Abb. 9:	Positivnetz gem. Anlage zu § 2 Abs. 1 LKWÜberlStVAusnV.	20
Abb. 10:	Bekanntheit des Gigaliners in Deutschland 2007.	24
Abb. 11:	Einstellung zur Zulassung von Gigalinern in Deutschland 2007.	25
Abb. 12:	Argumente für die Zulassung von Gigalinern.	26
Abb. 13:	Meinung von Pkw-Nutzern in Deutschland zum Thema Gigaliner.	27
Abb. 14:	Problemwahrnehmung Güterverkehr aktuell.	27
Abb. 15:	Bekanntheit und eingeschätzte Problemhaltigkeit zum prognostizierten Transportzuwachs.	28
Abb. 16:	Reaktionen zum Szenario business as usual.	28
Abb. 17:	Bekanntheit Innovativer Nutzfahrzeuge.	29
Abb. 18:	Erwartungen zur Einführung Innovativer Nutzfahrzeuge.7	29
Abb. 19:	Geäußerte Akzeptanz Innovativer Nutzfahrzeuge.	30
Abb. 20:	Angenommene Haltungen Anderer.	30
Abb. 21:	Geäußerte Akzeptanz Innovativer Nutzfahrzeuge/EuroCombi.	31
Abb. 22:	Bei Autofahrern angenommenes Meinungsbild zu EuroCombi.	32
Abb. 23:	Bekanntheit des Gigaliners in Deutschland 2011.	33
Abb. 24:	Einstellung zur Zulassung von Gigalinern inDeutschland 2011a.	34
Abb. 25:	Einstellung zur Zulassung von Gigalinern inDeutschland 2011b.	35
Abb. 26:	Bekanntheit des Gigaliners in Deutschland 2012.	36
Abb. 27:	Einstellung zur Zulassung von Gigalinern inDeutschland 2012a.	36
Abb. 28:	Einstellung zur Zulassung von Gigalinern in Deutschland 2012b.	37
Abb. 29:	Vergleich der Überholwege.	39

Abb. 30:	Überholweg und Überholdauer.	41
Abb. 31:	BO-Kreisfahrt einer 25,25m-Zugkombination.	42
Abb. 32:	Modellrechnung bei 60 Prozent Güterwachstum.	43
Abb. 33:	Straßenbedarf Lang-Lkw und Standard-Lkw.	43
Abb. 34:	Aktive und passive Sicherheitssysteme des Lang-Lkw.	46
Abb. 35:	Prognostitizierte Transportleistung für Deutschland bis 2025.	48
Abb. 36:	Güterverkehr in Deutschland bis 2025.	49
Abb. 37:	Güterverkehrsleistung in Westeuropa [Mrd. tkm] in 2006.	50
Abb. 38:	Modal Split in Deutschland 2004.	50
Abb. 39:	Prognostizierter Modal Split für Deutschland 2025.	51
Abb. 40:	Modalverschiebung im kombinierten Verkehr im Jahr 2020.	54
Abb. 41:	Modalverschiebung im Einzelwagenverkehr im Jahr 2020.	54
Abb. 42:	Absolute CO_2-Emissionen im Transportsektor.	58
Abb. 43:	Entwicklung der Fahrleistung schwerer Lkw.	59
Abb. 44:	Reduzierung der Achslast.	60

Abkürzungsverzeichnis

ADAC	Allgemeiner Deutscher Automobil-Club e. V.
BASt	Bundesanstalt für Straßenwesen
BDI	Bundesverband der Deutschen Industrie e.V.
BGA	Bundesverband Großhandel, Außenhandel, Dienstleistungen e.V.
BGL	Bundesverband Güterkraftverkehr Logistik und Entsorgung e.V.
BMVBS	Bundesministerium für Verkehr, Bau und Stadtentwicklung
CER	Community of European Railway and Infrastructure Companies
DPMA	Deutsches Patent- und Markenamt
EAC	European Automobil Clubs
EMS	Europäisches Modulares System
EU	Europäische Union
IAA	Internationale Automobil-Ausstellung
LCV	longer combination vehicles
LKWÜberlStVAusnV	Verordnung über Ausnahmen von straßenverkehrsrechtlichen Vorschriften für Fahrzeuge und Fahrzeugkombinationen mit Überlänge
LZV	Langere en Zwaardere Vrachtautocombinatie
RWTH	Rheinisch-Westfälische Technische Hochschule
StVO	Straßenverkehrs-Ordnung
StVZO	Straßenverkehrs-Zulassungs-Ordnung
VDA	Verband der Automobilindustrie e.V.
VDV	Verband Deutscher Verkehrsunternehmen

1 Zielformulierung und methodischer Aufbau

"Riesen-Lkw sind gefährlich, umweltschädlich, teuer" (No Mega Trucks 2008a). Mit diesen Schlagworten argumentiert die Kampagne No Mega Trucks gegen den Einsatz von Gigalinern in Europa. Die Initiatoren der Kampagne sind vier Organisationen aus Deutschland und Europa, deren Ziel es ist, den Einsatz von Gigalinern in Europa zu verhindern. Einer dieser Initiatoren ist die Allianz pro Schiene, die auch die Webseite finanziert und redaktionell betreut (vgl. No Mega Trucks 2008b).

Das Gegenstück zu dieser Kampagne ist die Initiative für Innovative Nutzfahrzeuge, die aus 18 Wirtschaftsverbänden und Logistikunternehmen besteht und den aktuellen Feldversuch mit Lang-Lkw in Deutschland unterstützt (vgl. Bundesverband der Deutschen Industrie 2010).

Die Mehrheit der deutschen Bevölkerung steht dem Gigaliner skeptisch gegenüber. Nur 18 Prozent der Deutschen sind für eine Zulassung der Gigaliner auf öffentlichen Straßen, 77 Prozent sind dagegen. Das zeigt eine aktuelle forsa-Umfrage, die von der Allianz pro Schiene in Auftrag gegeben wurde (vgl. Allianz pro Schiene 2011a).

Trotz aller Widerstände hat die Bundesregierung zum 01.01.2012 einen über fünf Jahre andauernden Feldversuch für Lang-Lkw, dem sog. Gigaliner, gestartet, der von der BASt (Bundesanstalt für Straßenwesen) wissenschaftlich begleitet wird (vgl. Bundesanstalt für Straßenwesen 2012a). Aufgrund dieses aktuellen Feldversuches hat sich der Autor dafür entschieden, das Thema "Der Gigaliner – Chancen, Risiken und Zukunftspotenziale in Deutschland und Europa" näher zu untersuchen.

Der Schwerpunkt dieser Studie liegt auf der kritischen Untersuchung der Argumentation der Befürworter und Gegner des Gigaliners. Anhand von älteren und aktuellen Daten aus Deutschland und auch Europa wird der Autor die verschiedenen Argumente stützen oder widerlegen. Das Ziel dieser Studie ist die Abgabe einer objektiven Einschätzung zu den zukünftigen Einsatzchancen des Gigaliners in Deutschland.

In Kapitel 1 wird das Ziel dieser Studie formuliert und kurz auf den methodischen Aufbau eingegangen.
Kapitel 2 befasst sich mit der Entwicklung des Gigaliners. Dazu werden zuerst einige wichtige Begriffe erklärt und der Autor wird auf den historischen Hintergrund des Gigaliners eingehen, der bereits seit 1970 in Schweden und Finnland zugelassen ist. Danach werden technische Aspekte und rechtliche Grundlagen des Gigaliners betrachtet. Ausgehend von den Regelungen in der StVO (Straßenverkehrs-Ordnung) und StVZO

(Straßenverkehrs-Zulassungs-Ordnung) wird insb. auf die EU-Richtlinie 96/53/EG eingegangen. Zudem wird die LKWÜberlStVAusnV (Verordnung über Ausnahmen von straßenverkehrsrechtlichen Vorschriften für Fahrzeuge und Fahrzeugkombinationen mit Überlänge) vorgestellt, deren Inkrafttreten die Voraussetzung für die Durchführung des aktuell laufenden Feldversuch mit Lang-Lkw war. Mit der Darstellung dieses Feldversuches wird das Kapitel abgeschlossen.

Den Schwerpunkt dieser Studie bildet Kapitel 3, in dem die Argumentation der Befürworter und Gegner dargestellt, untersucht und schließlich kritisch bewertet wird. Das Kapitel wird in die Bereiche Akzeptanz in der Bevölkerung, Verkehrssicherheit, Modal Split und Externe Kosten unterteilt. Dabei wird der Autor auch auf Meinungen eingehen, die sich weder eindeutig für noch eindeutig gegen die Einführung des Gigaliners positionieren, wie z. B. die Meinung vom ADAC (Allgemeiner Deutscher Automobil-Club e. V.).

In Kapitel 4 wird der Gigaliner im europäischen Kontext betrachtet. Dazu werden die historische Entwicklung, verschiedene Feldversuche und Meinungen aus Schweden, Dänemark und den Niederlanden dargestellt und der Autor wird die Relevanz für Deutschland herausarbeiten.

Den Abschluss dieser Studie bildet Kapitel 5, in dem die wichtigsten Punkte noch einmal zusammengefasst werden und der Autor abschließend das Ziel erreicht und eine Einschätzung zu den zukünftigen Einsatzchancen des Gigaliners in Deutschland abgibt.

2 Entwicklung des Gigaliners

Zuerst wird der Autor erklären, warum er in dieser Studie hauptsächlich den Begriff Gigaliner verwenden wird. Danach wird die historische Entwicklung des Gigaliners in Europa und Deutschland vorgestellt. Anschließend werden technische Aspekte und rechtliche Grundlagen für den Einsatz des Gigaliners vorgestellt und abschließend wird der aktuell in Deutschland laufende Feldversuch dargestellt.

2.1 Begriffserklärung

Der Begriff Gigaliner ist auf das Fahrzeugwerk Krone zurückzuführen, das auf der IAA (Internationale Automobil-Ausstellung) 2004 erstmals einen Lkw präsentierte, der eine Gesamtlänge von 25,50 Meter erreicht und über ein zulässiges Gesamtgewicht von 60 Tonnen verfügt. Damals waren Lkw dieser Größenordnung auf deutschen Straßen jedoch nicht zugelassen und es war auch nicht abzusehen, ob Gigaliner in Deutschland die Möglichkeit bekommen werden zum Straßenverkehr zugelassen zu werden (vgl. VerkehrsRundschau 2004).

In Australien hat der Lkw-Verkehr bei der Versorgung weit entfernt liegender Regionen eine herausragende Bedeutung. Die längeren Lkw-Kombinationen werden dort als Road-Trains bezeichnet und zählen im weltweiten Vergleich zu den wirtschaftlichsten Transportmitteln (vgl. Schulze et al. 2007: 20).

In den nordamerikanischen Ländern USA und Kanada sind in den einzelnen Bundesstaaten sehr unterschiedliche Lastwagenkombinationen erlaubt und es gelten stark variierende Fahrtbedingungen. Die Bezeichnung für die längeren Fahrzeugkonzepte in Nordamerika ist LCV (longer combination vehicles) (vgl. Schulze et al. 2007: 20).

Die niederländische Bezeichnung für längere Lkw-Kombinationen lautet LZV (Langere en Zwaardere Vrachtautocombinatie) (vgl. No Mega Trucks 2012b).

In Skandinavien hat sich aktuell der Begriff Ecocombi durchgesetzt. Dies wird z. B. in einem Interview der VerkehrsRundschau mit dem dänischen Verkehrsminister Henrik Dam Kristensen deutlich. Kristensen benutzt konsequent den Begriff Ecocombi obwohl der Interviewer den Begriff Eurocombi in seinen Fragen verwendet (vgl. VerkehrsRundschau 2012). In Deutschland ist die Wortmarke Ecocombi beim DPMA (Deutsches Patent- und Markenamt) für die Daimler AG eingetragen (vgl. TMDB GmbH 2012).

Der Begriff Eurocombi entstand aufgrund einer Initiative des VDA (Verband der Automobilindustrie e.V.) (vgl. Wöhrmann 2008: 9). In Deutschland ist die Wortmarke Eurocombi beim DPMA für den VDA eingetragen (vgl. TMDB GmbH 2010).

Auch der Begriff EMS (Europäisches Modulares System) steht für längere Lkw-Kombinationen. Dieses modulare Konzept basiert auf der EU-Richtlinie 96/53/EG und gibt keine Maximallängen oder -gewichte vor. Dadurch wären theoretisch Lkw mit einer Länge von 31 Metern möglich (vgl. Bundesverband des Deutschen Groß- und Außenhandels e.V. 2006a). Auf das EMS wird in Kap. 2.3 detailliert eingegangen.

Im Rahmen des in Deutschland aktuell laufenden Feldversuches wird vom Lang-Lkw gesprochen. Bundesverkehrsminister Peter Ramsauer sagt, dass "[e]s [...] keine 60-Tonner, keine "Gigaliner" oder "Monstertrucks" geben [wird]. Wo heute drei LKW pro Tag unterwegs sind, sind es im Feldversuch nur zwei Lang-LKW." (Bundesministerium für Verkehr, Bau und Stadtentwicklung 2011c). Auch das Fahrzeugwerk Krone benutzt inzwischen den Begriff Lang-LKW (Fahrzeugwerk Bernard Krone GmbH 2012).

Weitere Begriffe für längere Lkw-Kombinationen sind z. B. Longliner, Riesen-LKW oder Ökoliner (vgl. No Mega Trucks 2012a).

Es ist also festzustellen, dass sich bisher kein Begriff für längere Lkw-Kombinationen durchgesetzt hat. Dem Autor war vor Erstellen dieser Studie auch nur der Begriff Gigaliner im Zusammenhang mit längeren Lkw-Kombinationen bekannt. Zudem ist der Autor der Meinung, dass der Begriff Gigaliner in Deutschland am bekanntesten ist und wird daher im weiteren Verlauf dieser Studie hauptsächlich den Begriff Gigaliner verwenden.

2.2 Historischer Hintergrund

Die Diskussion um die Einführung des Gigaliners in Europa ist auf den Beitritt Schwedens und Finnlands in die EU (Europäische Union) im Jahr 1995 zurückzuführen (vgl. Bundesverband des Deutschen Groß- und Außenhandels e.V. 2006b: 4).

In Schweden und Finnland sind seit 1970 Lkw-Kombinationen von 24 Metern Länge und einem Gesamtgewicht von 60 Tonnen erlaubt. Durch den Beitritt der beiden Länder in die EU wurde es erforderlich, Maße und Gewichte von Lkw europaweit zu harmonisieren, da Schweden und Finnland eine Reduzierung ihrer erlaubten Maße und Gewichte von Lkw nicht akzeptieren konnten. Deshalb wurde die EU-Richtlinie 96/53/EG erlassen, die in Artikel 4 jedem Mitgliedstaat der EU die Kombination von

Kraftfahrzeugen, Anhängern und Sattelanhängern gestattet. Durch dieses modulare Konzept waren Lkw-Kombinationen mit einer Länge von 25,25 Metern und einem Gesamtgewicht von 60 Tonnen möglich (vgl. Bundesverband des Deutschen Groß- und Außenhandels e.V. 2006a; EMS Informal Platform Group 2009). Das modulare Konzept nach EU-Richtlinie 96/53/EG wird in Kap. 2.3 vorgestellt.

In den Niederlanden wurde zwischen 2001 und 2003 eine erste Testphase mit LZV durchgeführt. Die maximale Länge der Fahrzeugkombinationen war auf 25,25 Meter beschränkt und das Gesamtgewicht durfte 60 Tonnen nicht überschreiten. Nachdem diese erste Testphase insgesamt positiv verlaufen war, wurde zwischen 2004 und 2006 eine zweite Testphase durchgeführt. Nach einer kurzen Übergangsphase wurde am 1. November 2007 schließlich eine dritte Testphase gestartet, bei der es keine Beschränkungen bei der Anzahl der teilnehmenden Fahrzeuge gab. Diese dritte Testphase sollte am 1. November 2012 enden, jedoch haben die Niederlande bereits 2011 den Gigaliner generell zugelassen (vgl. Directorate General for Public Works and Water Management- Traffic and Shipping Department 2011: 11; Schulze et al. 2007: 22; VerkehrsRundschau 2011). Auf die verschiedenen Testphasen in den Niederlanden bis zur generellen Zulassung des Gigaliners wird in Kap. 4 ausführlicher eingegangen.

In Deutschland sind die Fahrzeuglängen von Nutzfahrzeugen in den letzten 50 Jahren aufgrund der Gegebenheiten des Straßenverkehrs und der Transportlogistik häufig angepasst worden. Nach dem zweiten Weltkrieg wurde die maximale Gesamtlänge von Nutzfahrzeugen auf 22 Meter begrenzt. Durch ihre schwache Motorisierung, das zunehmende Verkehrsaufkommen und die Interessenlage in der Politik wurde die maximale Länge für einen Lkw mit Anhänger schließlich auf 14 Meter beschränkt. Während der folgenden Jahre wurden die Fahrzeuglängen immer wieder angepasst. Aktuell dürfen in Deutschland Lkw mit Anhänger über eine maximale Länge von 18,75 Metern und Sattelzugmaschinen mit Anhänger über eine maximale Länge von 16,50 Metern verfügen (vgl. Wöhrmann 2008: 6).

In Deutschland wurden seit 2005 immer wieder Ausnahmegenehmigungen für den Einsatz von Gigalinern in den verschiedenen Bundesländern erteilt. Bei diesen kleineren Feldversuchen durften die Gigaliner oftmals nur auf genau festgelegten Strecken oder zum Teil auch nur zu bestimmten Uhrzeiten fahren. Die dabei erzielten Ergebnisse sind durchweg als positiv einzustufen (vgl. Initiative für Innovative Nutzfahrzeuge 2011: 13). Der Autor hat im Jahr 2007 eigene Erfahrungen bei einem Gigaliner-Test im Auftrag der Volkswagen AG gesammelt. Von 2005 bis 2008 war er bei der Cotrans Logistic GmbH & Co. KG angestellt. Dort kam im Rahmen des internen Werksverkehres ab Sommer

2006 regelmäßig ein Gigaliner zwischen den Volkswagen-Werken Wolfsburg und Emden im Pendelverkehr zum Einsatz. Der Autor durfte dabei eine Tour von Wolfsburg nach Emden und zurück als Beifahrer begleiten.

2.3 Technische Aspekte und rechtliche Grundlagen

In Deutschland sind gem. § 32 StVZO Lastzüge mit einer maximalen Länge von 18,75 Metern sowie Sattelzüge mit einer maximalen Länge von 16,50 Metern zugelassen. Die zulässige Breite und Höhe sind für diese Studie nicht relevant, da der Gigaliner nur in der Länge die gesetzlichen Vorgaben überschreitet. Gem. § 34 StVZO beträgt das zulässige Gesamtgewicht von Last- oder Sattelzügen maximal 40 Tonnen, im Vor- und Nachlauf des kombinierten Verkehrs darf das zulässige Gesamtgewicht maximal 44 Tonnen betragen. Diese Werte gelten nach europäischem Recht auch für grenzüberschreitende Transporte innerhalb der EU (vgl. Bundesverband der Deutschen Industrie e.V. 2005: 4; Initiative für Innovative Nutzfahrzeuge 2011: 6).

Das europäische Recht ist in diesem Fall in der bereits erwähnten EU-Richtlinie 96/53/EG geregelt, in der "höchstzulässige Abmessungen und Gewichte für bestimmte Straßenfahrzeuge im innerstaatlichen und grenzüberschreitenden Verkehr definiert [sind]" (Bundesverband Güterkraftverkehr Logistik und Entsorgung e.V. 2011g: 2). Die EU-Richtlinie 96/53/EG erlaubt jedem Mitgliedstaat für den Verkehr innerhalb seiner Landesgrenzen auch längere und schwerere Fahrzeuge und Fahrzeugkombinationen zuzulassen. Dabei sind keine Maximallängen oder -gewichte vorgegeben. Diese Regelung befindet sich in Art. 4, Abs. 4b EU-Richtlinie 96/53/EG und wird dort als modulares Konzept bezeichnet (vgl. Bundesverband des Deutschen Groß- und Außenhandels e.V. 2006a; Initiative für Innovative Nutzfahrzeuge 2011: 6).

Beim EMS gibt es zwei konkrete Umsetzungsmöglichkeiten, die in Abb. 1 dargestellt sind:
- **Die rot-gelbe Kombination**

Ein Sattelauflieger wird mittels einer Dollyachse an einen Motorwagen gekoppelt.
- **Die blau-grüne Kombination**

Ein Tandemanhänger wird mittels eines Extra-Kupplungsblocks an einen Sattelauflieger gekoppelt.

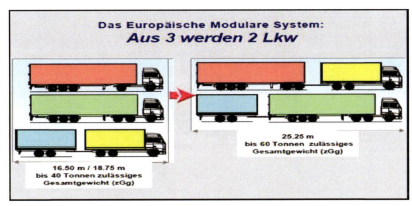

Abb. 1: Das Europäische Modulare System.
Quelle: Bundesverband des Deutschen Groß- und Außenhandels e.V. 2006b

Dadurch lassen sich aus drei heute üblichen Lkw mit einer Länge von 16,50 bzw. 18,75 Metern und einem zulässigen Gesamtgewicht von 40 Tonnen durch geringfügige technische Veränderungen zwei Lkw-Kombinationen mit einer Länge von 25,25 Metern und einem zulässigen Gesamtgewicht von bis zu 60 Tonnen konfigurieren (vgl. Bundesverband des Deutschen Groß- und Außenhandels e.V. 2006b: 1).

Die blau-grüne Kombination wird auch als Volumenzug bezeichnet, da sie zwar eine Gesamtfahrzeuglänge von 25,25 Metern erreicht, das maximal zulässige Gesamtgewicht jedoch nur 48 Tonnen beträgt. Die rot-gelbe Kombination erreicht ebenfalls eine Gesamtfahrzeuglänge von 25,25 Metern, das maximal zulässige Gesamtgewicht beträgt allerdings 60 Tonnen. Deshalb wird die rot-gelbe Kombination auch als Gewichtszug bezeichnet. Der Volumenzug ist in Abb. 2 und der Gewichtszug in Abb. 3 dargestellt (vgl. Diederichsmeier et al. 2007: 3 f.).

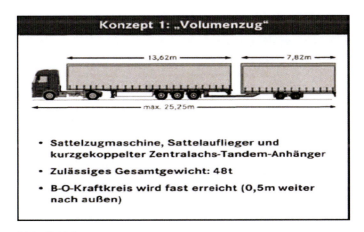

Abb. 2: Volumenzug.
Quelle: Diederichsmeier et al. 2007: 3.

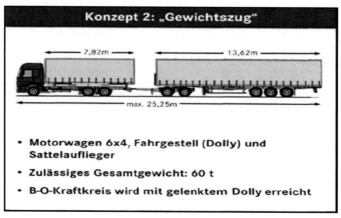

Abb. 3: Gewichtszug.
Quelle: Diederichsmeier et al. 2007: 3.

In einer Studie zur Überprüfung der technischen Kompatibilität von innovativen Nutzfahrzeugkonzepten mit dem kombinierten Verkehr wurden acht mögliche Lkw-Kombinationen getestet. Im Ergebnis dieser Studie wurde die Empfehlung ausgesprochen, sich bei der Weiterentwicklung innovativer Nutzfahrzeugkonzepte auf die in Abb. 2 und Abb. 3 dargestellten Konzepte zu konzentrieren (vgl. Seidelmann; Frindik 2006: 28).

Darüber hinaus gibt es noch weitere mögliche Lkw-Kombinationen auf Basis der EU-Richtlinie 96/53/EG. "Als Lang-Lkw werden prinzipiell alle Zugkombinationen bezeichnet, die aus einem Motorwagen oder einem Sattelzug und je einem Anhängerfahrzeug bestehen" (Initiative für Innovative Nutzfahrzeuge 2011: 6). Für den aktuell laufenden Feldversuch sind fünf Fahrzeugkombinationen zugelassen, die in § 3 LKWÜberlStV-AusnV festgelegt sind. Diese Fahrzeugkombinationen werden im nächsten Kap. 2.4 vorgestellt.

2.4 Aktueller Feldversuch Lang-Lkw

Am 1. Januar 2012 ist die LKWÜberlStVAusnV in Kraft getreten, die den aktuell laufenden Feldversuch mit Gigalinern ermöglicht. Über einen Zeitraum von fünf Jahren sollen die Chancen und Risiken längerer Lkw-Kombinationen untersucht werden. Insbesondere werden dabei Auswirkungen auf die Umwelt, Effizienzsteigerungen im Transport, Verkehrssicherheit und Auswirkungen auf die Infrastruktur betrachtet (vgl. Bundesministerium für Verkehr, Bau und Stadtentwicklung 2011a). Der Feldversuch wird vom BMVBS (Bundesministerium für Verkehr, Bau und Stadtentwicklung) durchgeführt. Die wissenschaftliche Begleitung übernimmt die BASt, bei der sich die Transportunternehmen auch für die Teilnahme anmelden müssen (vgl. Bundesanstalt für Straßenwesen 2012c: 2).
Die wissenschaftliche Begleitung umfasst drei Untersuchungsphasen:

Erste Untersuchungsphase

Der Zeitraum der ersten Untersuchungsphase wird etwa ein Jahr betragen. Dabei werden anhand von Fahrtprotokollen und Befragungen zahlreiche Daten zu den eingesetzten Fahrzeugen, den Fahrern, den beförderten Gütern und den gewählten Strecken gesammelt. Durch Beobachtungen und Interviews soll u. a. analysiert werden, wie die Fahrzeuge mit anderen Verkehrsteilnehmern und der Infrastruktur interagieren. Dafür werden bspw. andere Verkehrsteilnehmer befragt, Fahrer in ihren Fahrzeugen begleitet oder Abbiegevorgänge und das Fahrverhalten in Baustellen beobachtet (vgl. Bundesanstalt für Straßenwesen 2012a).

Zusätzlich werden in diesem Zeitraum auch verschiedene experimentelle und modelltheoretische Untersuchungen durchgeführt. Dafür werden z. B. die Auswirkungen auf die sicherheitstechnische Ausrüstung der Gigaliner oder den Brandschutz von Straßentunneln ermittelt. Anschließend erfolgt eine Aufbereitung und Auswertung der Erkenntnisse der ersten Untersuchungspase und die Dokumentation in einem ersten Zwischenbericht (vgl. Bundesanstalt für Straßenwesen 2012a).

Zweite Untersuchungsphase

Die zweite Untersuchungsphase beginnt zeitgleich mit der ersten Untersuchungphase. Aufgrund der zu erwartenden geringen Anzahl an teilnehmenden Gigalinern wird sich die zweite Untersuchungsphase aus statistischen Gründen über den gesamten Zeitraum des Feldversuchs erstrecken. In der zweiten Untersuchungsphase sollen Unfallmeldebögen von Unfällen mit Beteiligung von Gigalinern oder Daten anderer besonderer Vorfälle im Zusammenhang mit dem Einsatz von Gigalinern (z. B. Tunnelbrand) gesammelt werden (vgl. Bundesanstalt für Straßenwesen 2012a).

Dritte Untersuchungsphase

Ungefähr ein halbes Jahr vor Außerkrafttreten der LKWÜberlStVAusnV, also im Sommer 2016, wird die dritte Untersuchungsphase anlaufen. In der dritten Untersuchungsphase sind Nacherhebungen zu den in der ersten Untersuchungsphase gesammelten Daten geplant. Nach dem Ende des Feldversuchs wird die BASt die gesamten Ergebnisse der wissenschaftlichen Begleituntersuchung in einem abschließenden Bericht zusammenfassen (vgl. Bundesanstalt für Straßenwesen 2012a).

Die für den Feldversuch zugelassenen Gigaliner dürfen eine maximale Länge von 25,25 Metern nicht überschreiten. Das zulässige Gesamtgewicht der Gigaliner darf auch im Feldversuch die in § 34 StVZO festgelegten maximal 40 Tonnen bzw. maximal 44 Tonnen im Vor- und Nachlauf des kombinierten Verkehrs (vgl. Kap. 2.3) nicht überschreiten (vgl. Bundesanstalt für Straßenwesen 2012a).

In § 3 LKWÜberlStVAusnV werden die Fahrzeuge und Fahrzeugkombinationen genannt, die am Feldversuch teilnehmen dürfen:

1. Sattelzugmaschine mit Sattelanhänger (Sattelkraftfahrzeug) (s. Abb. 4),

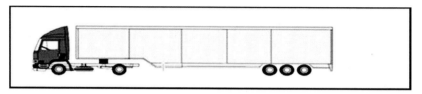

Abb. 4: Sattelzugmaschine mit Sattelanhänger (Sattelkraftfahrzeug) bis zu einer Gesamtlänge von 17,80 Metern.
Quelle: Bundesanstalt für Straßenwesen 2012b.

2. Sattelkraftfahrzeug mit Zentralachsanhänger (s. Abb. 5),

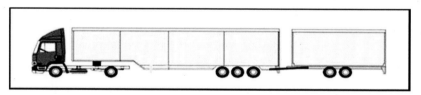

Abb. 5: Sattelkraftfahrzeug mit Zentralachsanhänger bis zu einer Gesamtlänge von 25,25 Metern.
Quelle: Bundesanstalt für Straßenwesen 2012b.

3. Lastkraftwagen mit Untersetzachse und Sattelanhänger (s. Abb. 6),

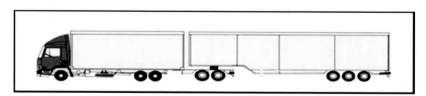

Abb. 6: Lastkraftwagen mit Untersetzachse und Sattelanhänger bis zu einer Gesamtlänge von 25,25 Metern.
Quelle: Bundesanstalt für Straßenwesen 2012b.

4. Sattelkraftfahrzeug mit einem weiteren Sattelanhänger (s. Abb. 7),

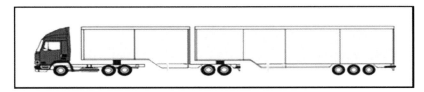

Abb. 7: Sattelkraftfahrzeug mit einem weiteren Sattelanhänger bis zu einer Gesamtlänge von 25,25 Metern.
Quelle: Bundesanstalt für Straßenwesen 2012b.

5. Lastkraftwagen mit einem Anhänger (s. Abb. 8).

Abb. 8: Lastkraftwagen mit einem Anhänger bis zu einer Gesamtlänge von 24,00 Metern.
Quelle: Bundesanstalt für Straßenwesen 2012b.

Da das zulässige Gesamtgewicht der Gigaliner maximal 40 Tonnen bzw. maximal 44 Tonnen im Vor- und Nachlauf des kombinierten Verkehrs nicht überschreiten darf, kann die tatsächliche Anzahl der Achsen geringer sein als in Abb. 4 bis Abb. 8 beispielhaft dargestellt ist (vgl. Bundesanstalt für Straßenwesen 2012b).

Die für den Feldversuch zugelassenen Gigaliner dürfen ausschließlich das in der Anlage zu § 2 Abs. 1 LKWÜberlStVAusnV festgelegte Streckennetz, das sog. Positivnetz, befahren. Dieses Positivnetz ist in Abb. 9 dargestellt. Am 11.07.2012 wurde die Erste Verordnung zur Änderung der LKWÜberlStVAusnV verkündet und ist gem. Art. 2 damit auch an diesem Tag in Kraft getreten. Die teilnehmenden Bundesländer haben über 100 neue Strecken und Streckenerweiterungen zur Aufnahme in das Positivnetz des Feldversuchs gemeldet. Bundesverkehrsminister Peter Ramsauer äußert seine Freude über die Erweiterung des Streckennetzes und hebt besonders die Aufnahme des Hamburger Hafens als wichtigen Logistikstandort hervor. Ramsauer betont, dass er das Positivnetz von Anfang an als dynamisch betrachtet hat und erwartet zukünftig zusätzliche Erweiterungen. Weiterhin hofft er, dass die Erweiterung des Positivnetzes mehr Unternehmen zur Teilnahme am Feldversuch bewegen wird um eine breitere Datenbasis für die wissenschaftliche Auswertung des Feldversuchs zu bekommen (vgl. Bundesministerium für Verkehr, Bau und Stadtentwicklung 2012).

Abb. 9: Positivnetz gem. Anlage zu § 2 Abs. 1 LKWÜberlStVAusnV.
Quelle: Deutsche Logistik-Zeitung 2011.

Nach Angaben des BMVBS soll der Feldversuch die Chancen und Risiken des Einsatzes von Gigalinern untersuchen, wobei besonders auf Auswirkungen auf die Umwelt, Effizienzsteigerungen im Transport, Verkehrssicherheit und Auswirkungen auf die Infrastruktur geachtet werden soll. Zudem darf der Einsatz von Gigalinern nicht zu einer Verlagerung des Transportaufkommens von der Schiene auf die Straße führen. Deshalb werden im Rahmen des Feldversuches auch die Auswirkungen des Einsatzes von Gigalinern auf den kombinierten Verkehr untersucht (vgl. Bundesministerium für Verkehr, Bau und Stadtentwicklung 2011c). Gem. § 6 Abs. 1 LKWÜberlStVAusnV dürfen nur Gigaliner am Feldversuch teilnehmen, die auch im kombinierten Verkehr einsetzbar sind.

Nach Aussage des BMVBS werden die am Feldversuch teilnehmenden Gigaliner "höchsten Sicherheitsstandards entsprechen" (Bundesministerium für Verkehr, Bau und Stadtentwicklung 2011c). In § 5 LKWÜberlStVAusnV sind die technischen Anforderungen für die im Feldversuch eingesetzen Gigaliner konkretisiert. Zum Teil wird dabei auf technische EU-Richtlinien verwiesen. Vorgeschriebene technische Einrichtungen sind z. B. eine Differenzialsperre oder Antriebsschlupfregelung, ein Spurhaltewarnsystem oder ein Kamera-System am Heck des Gigaliners sowie ein dazugehöriger Monitor im Blickfeld des Fahrers. An die Fahrer der Gigaliner werden ebenfalls besondere persönliche Anforderungen gestellt, die in § 11 LKWÜberlStVAusnV festgelegt sind. Voraussetzung für die Teilnahme am Feldversuch ist demnach, dass der Fahrer des Gigaliners seit mindestens fünf Jahren ununterbrochen im Besitz der Fahrerlaubnis der Klasse CE ist und über mindestens fünf Jahre Berufserfahrung im gewerblichen Straßengüter- oder Werkverkehr verfügt. Zudem ist eine mindestens zweistündige Einweisung in den eingesetzen Gigaliner Teilnahmevoraussetzung. Das Überholverbot für Gigaliner ist in § 9 LKWÜberlStVAusnV geregelt. Eine Ausnahme vom Überholverbot gilt lediglich für Fahrzeuge, die nicht schneller als 25 km/h fahren können oder dürfen (vgl. Bundesministerium für Verkehr, Bau und Stadtentwicklung 2011b).

Jedes Transportunternehmen, das am Feldversuch teilnehmen möchte, muss sich durch die BASt wissenschaftlich begleiten lassen. Bei der BASt müssen sich die Transportunternehmen auch schriftlich für den Feldversuch anmelden. Entsprechend geregelt sind diese beiden Punkte in § 12 LKWÜberlStVAusnV. Es gibt keine Obergrenze für die Gesamtanzahl der für den Feldversuch zugelassenen Gigaliner und es gibt auch keine Obergrenze für die Anzahl der Gigaliner für ein Transportunternehmen (vgl. Bundesministerium für Verkehr, Bau und Stadtentwicklung 2011b).

Die Initiative für Innovative Nutzfahrzeuge fordert von allen Beteiligten "ein[en] sachliche[n] Dialog [...] über Möglichkeiten, Rahmenbedingungen und Voraussetzungen für die Einführung von Lang-Lkw zu führen" (Initiative für Innovative Nutzfahrzeuge 2011: 14). Weiterhin verweist die Initiative für Innovative Nutzfahrzeuge in ihrem Faktenpapier zum Feldversuch mit dem Lang-Lkw auf die durchweg positiven Erfahrungen in früheren zeitlich befristeten Pilotversuchen. Diese positiven Erfahrungen müssten dann in dem aktuell laufenden Feldversuch überprüft werden, um gesicherte Erkenntnisse für eine politische Entscheidung zu erlangen. Denn nur aufgrund einer umfassenden Datenbasis können die Einsatzbedingungen innovativer Nutzfahrzeuge wie dem Gigaliner für Deutschland und auch die EU festgelegt werden (vgl. Initiative für Innovative Nutzfahrzeuge 2011: 14).

3 Diskussion in Deutschland

In den folgenden Kapiteln wird die Argumentation der Befürworter und Gegner des Gigaliners dargestellt, untersucht und schließlich kritisch bewertet. Die Kapitel sind in die Bereiche Akzeptanz in der Bevölkerung, Verkehrssicherheit, Modal Split und Externe Kosten aufgeteilt.

3.1 Argumentation der Befürworter und Gegner

Einer der stärksten Befürworter für längere Fahrzeugkombinationen ist die Initiative für Innovative Nutzfahrzeuge, die aus 18 Wirtschaftsverbänden und Logistikunternehmen besteht und den aktuellen Feldversuch mit Lang-Lkw in Deutschland unterstützt. Mitglieder sind u. a. der BDI (Bundesverband der Deutschen Industrie e.V.), der BGA (Bundesverband Großhandel, Außenhandel, Dienstleistungen e.V.), der BGL (Bundesverband Güterkraftverkehr Logistik und Entsorgung e.V.) und der bereits in Kap. 2.1 angesprochene VDA. Die Initiative für Innovative Nutzfahrzeuge verfolgt das Ziel, durch eine gemäßigte Erhöhung von Länge und Gewichten das Lkw-Aufkommen zu senken und dadurch den Güterverkehr effizienter zu machen und den Kraftstoffverbrauch sowie die CO_2-Emissionen zu reduzieren. Als Bedingung für den Einsatz für längere Fahrzeugkombinationen besteht die Initiative für Innovative Nutzfahrzeuge auf hohe Sicherheitsanforderungen an Fahrer und Fahrzeuge und betont, dass die Verkehrssicherheit an erster Stelle stehen müsse. Ein weiteres Anliegen der Initiative für Innovative Nutzfahrzeuge ist die Stärkung der Co-Modalität und bessere Vernetzung der Verkehrsträger. Längere Fahrzeugkombinationen sollten zudem eine positive Entwicklung des Schienengüterverkehrs unterstützen. Deshalb hofft die Initiative für Innovative Nutzfahrzeuge auf einen offenen und konstruktiven Dialog mit allen Beteiligten (vgl. Bundesverband der Deutschen Industrie e.V. 2010).

Einer der größten Gegner der Einführung von Gigalinern ist die Kampagne No Mega Trucks. Hinter der Kampagne stehen vier Organisationen aus Deutschland und Europa, u. a. der EAC (European Automobil Clubs) und die Allianz pro Schiene, die auch die Webseite finanziert und redaktionell betreut. Das Ziel der Kampagne No Mega Trucks ist, den Einsatz von Gigalinern in Europa zu verhindern (vgl. No Mega Trucks 2008b; No Mega Trucks 2008c).Der ADAC und der BGL sind zwar grundsätzlich zu den Befürwortern längerer Fahrzeugkombinationen zu zählen, sie stellen aber in einem Positionspapier aus dem Juli 2011 gewisse Forderungen an den Feldversuch und die generelle Zulassung. ADAC und BGL befürworten eine Erhöhung des Sattelaufliegers um 1,35 Meter um insb. den Transport heute gebräuchlicher Transportbehälter effizienter zu gestalten. Dem Feldversuch stehen ADAC und BGL einerseits positiv gegenüber und erwarten eine umfassende Datenbasis, die eine fundierte politische Entscheidung ermöglichen soll. Andererseits sind ADAC und BGL gegen eine generelle Zulassung von längeren Fahrzeugkombinationen auf allen Straßen, da sie davon ausgehen, dass diese nicht für das gesamte Straßennetz geeignet sind und eine Gefahr für die Verkehrssicherheit bedeuten (vgl. Bundesverband Güterkraftverkehr Logistik und Entsorgung e.V. 2011f).

In den folgenden Kapitel wird die Argumentation der Befürworter und Gegner dargestellt, untersucht und schließlich kritisch bewertet. Zudem werden auch allgemeine Daten und Fakten aus anderen Quellen in die Betrachtung einbezogen.

3.1.1 Akzeptanz in der Bevölkerung

Die Statista GmbH hat in den letzten Jahren verschiedene Erhebungen zum Thema Gigaliner auf ihrer Webseite veröffentlicht. In einer Umfrage von 2007 haben lediglich 54 Prozent der 1.003 befragten Personen angegeben, dass sie schonmal von einem Gigaliner gehört, gesehen oder gelesen haben (s. Abb. 10). Dabei wurden bereits seit 2005 immer wieder Ausnahmegenehmigungen für den Einsatz von Gigalinern in den verschiedenen Bundesländern erteilt (s. Kap. 2.2) und der Einsatz von Gigalinern wurde auch in den Medien schon vor 2007 ausgiebig und kontrovers diskutiert.

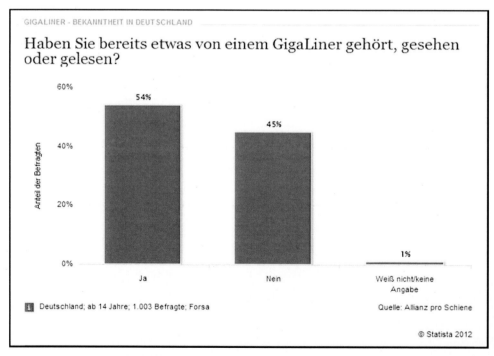

Abb. 10: Bekanntheit des Gigaliners in Deutschland 2007.
Quelle: Statista 2007b.

Eine weitere Umfrage von 2007 hat ebenfalls 1.003 Personen befragt, ob sie für oder gegen die Zulassung von Gigalinern auf deutschen Straßen sind. Dabei haben sich 73

Prozent der befragten Personen gegen eine Zulassung und 17 Prozent für eine Zulassung ausgesprochen (s. Abb. 11). Allerdings sollte man bei dieser Umfrage beachten, dass sie im Auftrag der Allianz pro Schiene durchgeführt wurde, einem erklärten Gegner des Gigaliners (s. Kap. 3.1).

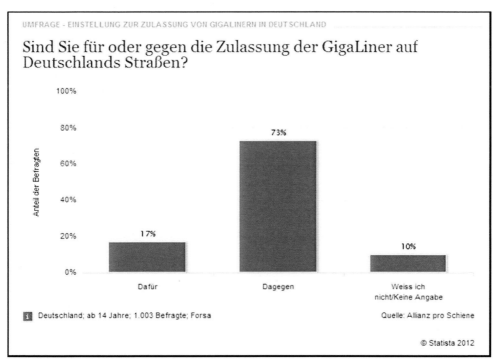

Abb. 11: Einstellung zur Zulassung von Gigalinern in Deutschland 2007.
Quelle: Statista 2007a.

Die nächste Umfrage aus 2007 bezieht sich direkt auf das Meinungsbild aus Abb. 11 und zeigt die wichtigsten Argumente, die zu diesem Umfrageergebnis geführt haben (s. Abb. 12). Die größte Rolle spielen die Argumente, dass Gigaliner das Unfallrisiko erhöhen und dass durch Gigaliner der Ausbau des Straßennetzes erforderlich wird, wodurch zusätzliche Kosten für den Steuerzahler entstehen. Direkt danach folgt das Argument, dass durch den Gigaliner Transporte von der Schiene auf die Straße verlagert werden. Erst dann folgen mit einem kleinen Abstand die für den Gigaliner positiven Argumente, dass Gigaliner einen niedrigeren Kraftstoffverbrauch und geringeren Schadstoffausstoß haben und dass durch den Einsatz von Gigalinern die Transportkosten sinken. Jetzt gilt es wieder zu bedenken, dass diese beiden Umfragen im Auftrag der Allianz pro Schiene durchgeführt wurden, die dem Gigaliner ablehnend gegenüber steht. Es handelte sich bei der Umfrage um Telefoninterviews, bei denen die Antwortmöglichkeiten für die Argumente bereits fest vorgegeben waren und sich das Meinungsbild dementsprechend auf die vorgegebenen Argumente beschränkt (vgl. Statista 2007c).

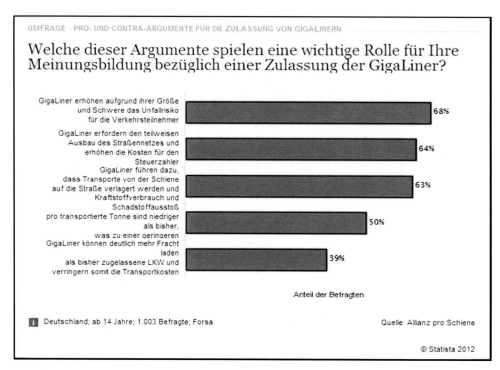

Abb. 12: Argumente für die Zulassung von Gigalinern.
Quelle: Statista 2007c.

Eine ähnliche Umfrage, wie in Abb. 11 dargestellt ist, hat der ADAC 2010 durchgeführt. Der ADAC lehnt den Gigaliner zwar nicht komplett ab, steht einer generellen Zulassung aber kritisch gegenüber (s. Kap. 3.1). Dabei wurden ausschließlich Pkw-Nutzer zu ihrer Meinung zum Thema Gigaliner befragt. 73 Prozent der befragten Personen haben sich gegen den Gigaliner und 17 Prozent für den Gigaliner ausgesprochen (s. Abb. 13). Damit kommen die Umfragen aus Abb. 11 und Abb. 13 tendenziell zum gleichen Ergebnis. Daraus kann man schließen, dass sich das Meinungsbild innerhalb von drei Jahren kaum verändert hat und die Akzeptanz in der Bevölkerung zum Thema Gigaliner eher gering ist.

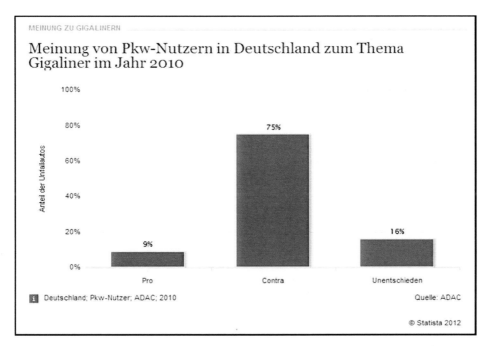

Abb. 13: Meinung von Pkw-Nutzern in Deutschland zum Thema Gigaliner.
Quelle: Statista 2010.

Für die FAT-Schriftenreihe 209 wurde im Mai 2006 eine repräsentative Befragung von 1.001 Autofahrern vorgenommen, die zumindest gelegentlich die Autobahn nutzen. Es handelte sich dabei um Telefoninterviews zur Akzeptanz innovativer Nutzfahrzeuge (vgl. Schulze et al. 2007: 9 f.).

67 Prozent der Befragten gaben an, dass die aktuelle Situation des Güterverkehrs auf der Straße problematisch ist (s. Abb. 14). Damit kann man sagen, dass die Situation des Güterverkehrs auf der Straße 2006 überwiegend als unbefriedigend angesehen wurde (vgl. Schulze et al. 2007: 35 f.).

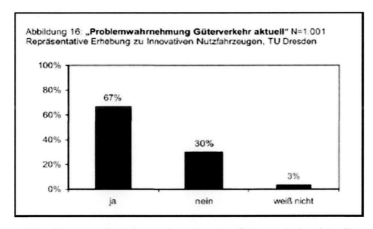

Abb. 14: Problemwahrnehmung Güterverkehr aktuell.
Quelle: Schulze et al. 2007: 36.

Bei der Thematik des prognostizierten Transportzuwachses gaben 55 Prozent der Befragten an, dass ihnen die Prognose bekannt ist. Mit 86 Prozent der Befragten sah die überwiegende Mehrheit diesen prognostizierten Transportzuwachs als Problem an (s. Abb. 15). Daran kann man sehen, dass Transportzuwachs grundsätzlich als problematisch eingeschätzt wurde (vgl. Schulze et al. 2007: 36).

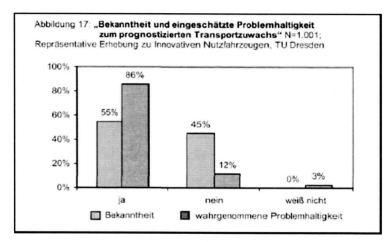

Abb. 15: Bekanntheit und eingeschätzte Problemhaltigkeit zum prognostizierten Transportzuwachs.
Quelle: Schulze et al. 2007: 36.

In diesem Zusammenhang lehnten 82 Prozent der Befragten eine Zunahme des Lkw-Verkehrs im Verhältnis zum steigenden Transportaufkommen (business as usual) ab (s. Abb 16). Zusammenfassend kann man feststellen, dass die Situation des Lkw-Verkehrs als problematisch angesehen wurde, die Prognosen zum Transportzuwachs nur ungefähr der Hälfte der Autofahrer bekannt war und ein Anstieg des Lkw-Verkehrs mit großer Mehrheit spontan abgelehnt wurde (vgl. Schulze et al. 2007: 36 f.).

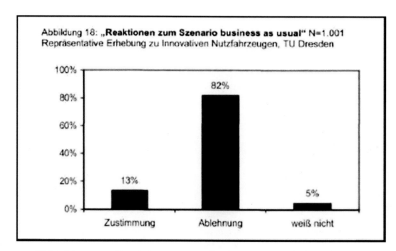

Abb. 16: Reaktionen zum Szenario business as usual.
Quelle: Schulze et al. 2007: 37.

Im weiteren Verlauf führte die Befragung zur Thematik der innovativen Nutzfahrzeuge. Nur 10 Prozent der Befragten war das Konzept innovativer Nutzfahrzeuge bekannt (s. Abb. 17). Diese 10 Prozent bezogen ihr Wissen über innovative Nutzfahrzeuge hauptsächlich aus Presse und Fernsehen (vgl. Schulze et al. 2007: 40 f.).

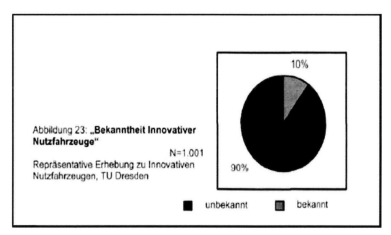

Abb. 17: **Bekanntheit Innovativer Nutzfahrzeuge.**
Quelle: Schulze et al. 2007: 41.

Den Befragten wurden Informationen zu innovativen Nutzfahrzeugen präsentiert und daraufhin wurden ihre spontanen Reaktionen aufgenommen. Dabei schätzte die Mehrheit der Befragten die Folgen einer möglichen Einführung innovativer Nutzfahrzeuge als negativ ein (s. Abb. 18). Die Einschätzungen bezogen sich auf allgemeine Folgen sowie Folgen für die Verkehrssicherheit und den Verkehrsfluss (vgl. Schulze et al. 2007: 41 f.).

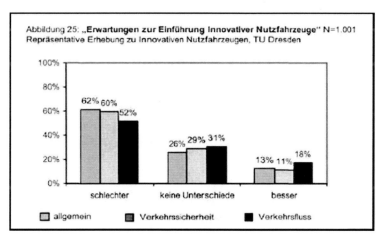

Abb. 18: **Erwartungen zur Einführung Innovativer Nutzfahrzeuge.**
Quelle: Schulze et al. 2007: 42.

Die Akzeptanz zur Einführung innovativer Nutzfahrzeuge fiel im späteren Interviewverlauf etwas positiver aus als die zuerst aufgenommenen spontanen Reaktionen. 22 Prozent der befragten Autofahrer stimmten der Einführung zu, 48 Prozent lehnten sie ab

(s. Abb. 19). Diese leichte Verschiebung kann man auf die Abwägung der positiven und negativen Argumente zwischen der ersten spontanen Reaktion und der abschließenden Äußerung zur Akzeptanz zurückführen (vgl. Schulze et al. 2007: 43 f.).

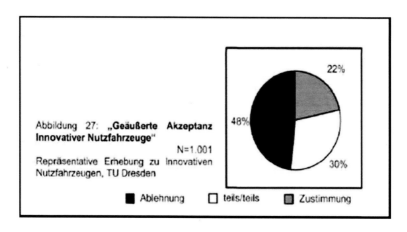

Abb. 19: Geäußerte Akzeptanz Innovativer Nutzfahrzeuge.
Quelle: Schulze et al. 2007: 44.

Interessant ist die Frage, welches Meinungsbild die Autofahrer bei Personen aus ihrem persönlichen Umfeld, Lkw-Fahrern, Automobilclubs und Spediteuren vermuten. Bei 20 Prozent der Lkw-Fahrer, 28 Prozent der Automobilclubs und 77 Prozent der Spediteure wird eine positive Haltung zur Einführung innovativer Nutzfahrzeuge angenommen. Bei den Automobilclubs wird zudem die größte negative Haltung angenommen (s. Abb. 20). Die Autofahrer erwarten demnach bei Spediteuren eine deutlich höhere Akzeptanz zur Einführung innovativer Nutzfahrzeuge als bei Lkw-Fahrern oder Automobilclubs (vgl. Schulze et al. 2007: 45).

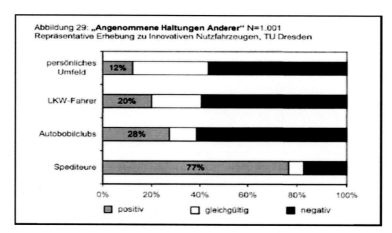

Abb. 20: Angenommene Haltungen Anderer.
Quelle: Schulze et al. 2007: 45.

Bei der Analyse der Ergebnisse wurde festgestellt, dass Autofahrer, die der Einführung innovativer Nutzfahrzeuge ablehnend gegenüberstehen, häufiger Konfliktsituationen mit Lkw erlebten. Dazu zählen z. B. das Blockieren der Überholspur oder plötzliches Ausscheren. Die befragten Autofahrer, die der Einführung innovativer Nutzfahrzeuge positiv gegenüberstehen, erlebten solche Situationen entweder seltener oder fühlten sich dadurch weniger gestört (vgl. Schulze et al. 2007: 47).

Auf der IAA 2006 wurde eine weitere Befragung für die FAT-Schriftenreihe 209 vorgenommen. Dabei wurden 85 Messebesucher befragt nachdem ihnen die innovativen Nutzfahrzeugkonzepte vorgestellt wurden. 80 der 85 befragten Messebesucher haben beruflich mit Nutzfahrzeugen zu tun, 60 arbeiten als Lkw-Fahrer (vgl. Schulze et al. 2007: 14, 51).

Die zentrale Frage nach der Akzeptanz zur Einführung innovativer Nutzfahrzeuge beantworteten 71 Prozent der befragten Messebesucher positiv, lediglich 16 Prozent stehen der Einführung ablehnend gegenüber (s. Abb. 21). Das Meinungsbild zur Einführung innovativer Nutzfahrzeuge ist also wesentlich positiver als bei den Telefoninterviews im Mai 2006 (vgl. Schulze et al. 2007: 54).

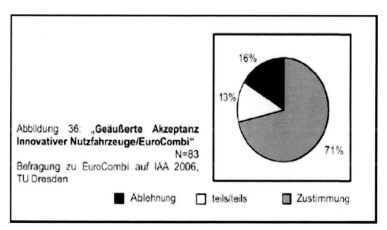

**Abb. 21: Geäußerte Akzeptanz Innovativer Nutzfahrzeuge/EuroCombi.
Quelle: Schulze et al. 2007: 54.**

Bemerkenswert sind die Antworten auf die Frage, welches Meinungsbild zur Einführung innovativer Nutzfahrzeuge die 85 Messebesucher bei Autofahrern vermuten. Die Ablehung der Autofahrer wird auf 80 Prozent geschätzt, die Zustimmung auf lediglich 5 Prozent (s. Abb. 22). Diese Schätzung ist deutlich negativer als das tatsächliche Ergebnis der Telefonbefragung aus dem Mai 2006. Dort betrug die Ablehnung 48 Prozent, die Zustimmung lag bei 22 Prozent (vgl. Schulze et al. 2007: 55).

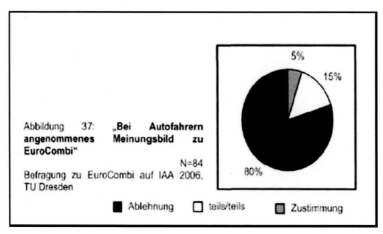

Abb. 22: Bei Autofahrern angenommenes Meinungsbild zu EuroCombi.
Quelle: Schulze et al. 2007: 55.

An diesen beiden Befragungen kann man deutliche Unterschiede zwischen der Gruppe der Autofahrer und der Gruppe der Personen, die beruflich mit Nutzfahrfahrzeugen zu tun haben, feststellen. Autofahrer sind erwartungsgemäß negativer zu einer möglichen Einführung innovativer Nutzfahrzeuge eingestellt.

Viele Autofahrer haben noch keine Erfahrung mit innovativen Nutzfahrzeugen bzw. dem Gigaliner. Daher kann man von einer gewissen Unsicherheit bei der Meinungsbildung ausgehen. Ihre Vorstellungen und Überzeugungen sind noch nicht gefestigt und dadurch bietet sich die Chance, das Image der innovativen Nutzfahrzeugen bzw. der Gigaliner durch zielgerichtete Informationen positiv zu beeinflussen und die Akzeptanz zu erhöhen. Zudem bestehen bei vielen Autofahrern Vorurteile, die sich negativ auf die allgemeine Einstellung zum Straßengüterverkehr auswirken. Auch diese Vorurteile können abgebaut werden (vgl. Schulze et al. 2007: 61 f.).

Die Allianz pro Schiene und der VDV (Verband Deutscher Verkehrsunternehmen) haben 2011 erneut eine Umfrage zur Bekanntheit und Einstellung zur Zulassung von Gigalinern in Auftrag gegeben. Die Erhebung wurde von forsa durchgeführt und dabei wurden 1.509 Personen befragt. Dabei haben sich 77 Prozent der Befragten gegen eine Zulassung von Gigalinern auf Deutschlands Straßen ausgesprochen und 18 Prozent dafür. Das Ergebnis ist in Abb. 25 grafisch dargestellt. Die Allianz pro Schiene und der VDV betonen, dass der Gigaliner überall in Deutschland auf breite Ablehnung stößt und fordern, dass der geplante Feldversuch nicht durchgeführt wird (vgl. Allianz pro Schiene 2011a; forsa 2011: 1, 7). Trotzdem ist der Feldversuch am 1. Januar 2012 planmäßig gestartet (s. Kap. 2.4).

Auf der Webseite der Allianz pro Schiene wird die komplette forsa-Umfrage als Download angeboten (vgl. Allianz pro Schiene 2011a). Diese wird jetzt genauer betrachtet und z. T. grafisch abgebildet.

Wie schon 2007 wurden die Personen zur Bekanntheit des Gigaliners befragt. 67 Prozent der Befragten haben schon einmal etwas von Gigalinern gehört, gesehen oder gelesen (s. Abb. 23). Das sind 13 Prozent mehr als noch vor vier Jahren. Die Bekanntheit des Gigaliners ist demnach gestiegen (vgl. forsa 2011: 1).

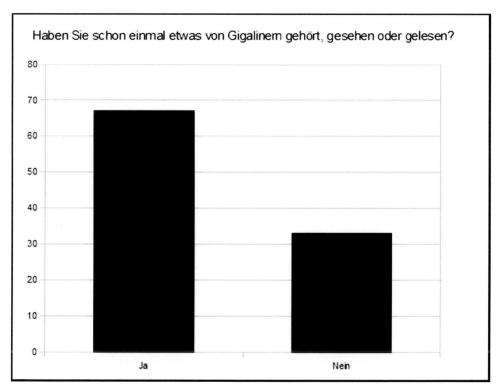

Abb. 23: **Bekanntheit des Gigaliners in Deutschland 2011.**
Quelle: vgl. forsa 2011: 1.

Danach wurden die Personen gefragt, ob sie für oder gegen die Zulassung von Gigalinern auf deutschen Straßen sind. Dabei haben sich 73 Prozent gegen und 19 Prozent für eine Zulassung ausgesprochen (s. Abb. 24). Bei der Umfrage von 2007 haben sich ebenfalls 73 Prozent gegen eine Zulassung ausgesprochen, die negative Einstellung zur Zulassung von Gigalinern hat sich in den vier Jahren also nicht geändert. Die positive Einstellung zur Zulassung von Gigalinern ist allerdings um 2 Prozent gestiegen, dort waren es 2007 nur 17 Prozent (vgl. forsa 2011: 2).

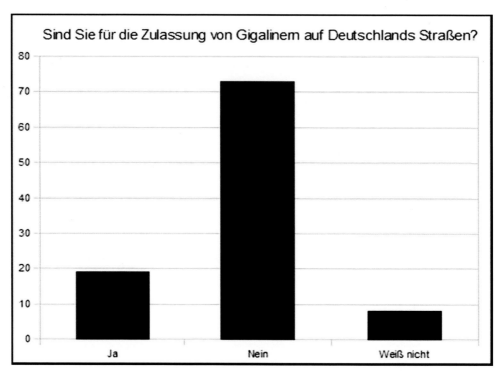

Abb. 24: Einstellung zur Zulassung von Gigalinern in Deutschland 2011a.
Quelle: vgl. forsa 2011: 2.

Anschließend wurden den befragten Personen wieder die in Abb. 12 dargestellten Argumente zur Auswahl gegeben. Nach Darlegung dieser Argumente wurden die Personen nochmal zu ihrer Einstellung zur Zulassung von Gigalinern auf Deutschlands Straßen befragt. Das Meinungsbild hat sich leicht in Richtung der negativen Einstellung zur Zulassung von Gigalinern verschoben. 77 Prozent sind gegen eine Zulassung und nur noch 18 Prozent dafür (s. Abb. 25). Die befragten Personen wurden also durch die Darlegung der Argumente in ihrer Meinung beeinflusst und dieses Ergebnis haben die Allianz pro Schiene und der VDV veröffentlicht (vgl. forsa 2011: 3, 7). Da beide eine sofortige Beendigung aller Feldversuche gefordert haben, sind 77 Prozent Ablehnung in der Bevölkerung ein stärkeres Argument für ihre Zwecke als 73 Prozent.

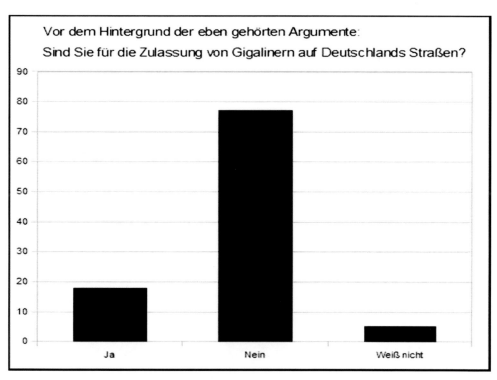

Abb. 25: Einstellung zur Zulassung von Gigalinern in Deutschland 2011b.
Quelle: vgl. forsa 2011: 7.

Zum Abschluss dieses Kapitels möchte der Autor noch kurz die Ergebnisse einer selbst durchgeführten Online-Umfrage zur Bekanntheit und Einstellung zur Zulassung von Gigalinern vorstellen. An der Umfrage haben insgesamt 509 Personen teilgenommen, von denen 470 alle Fragen beantwortet haben. 76,4 Prozent der Teilnehmer haben schon einmal etwas von Gigalinern gehört, gesehen oder gelesen (s. Abb. 26). Danach wurden die Teilnehmer gefragt, ob sie für oder gegen die Zulassung von Gigalinern auf deutschen Straßen sind. 42,8 Prozent haben sich für und 57,2 Prozent gegen eine Zulassung von Gigalinern ausgesprochen (s. Abb. 27). Anschließend wurden den Teilnehmern fünf Argumente präsentiert, die den Gigaliner positiv darstellen, wie z. B. geringerer Krafstoffverbrauch und weniger Schadstoffemissionen, straßen- und brückenschonend aufgrund geringerer Achslast oder geringere Transportkosten im Vergleich zu herkömmlichen Lkw. Direkt danach wurden die Teilnehmer erneut zu ihrer Einstellung zur Zulassung von Gigalinern gefragt. Das Meinungsbild hat sich stark in Richtung der positiven Einstellung zur Zulassung von Gigalinern verschoben. 58,8 Prozent haben sich für und nur noch 41,2 Prozent gegen eine Zulassung von Gigalinern ausgesprochen (s. Abb. 28). Die vollständige Online-Umfrage ist dieser Studie in Anlage 1 beigefügt.

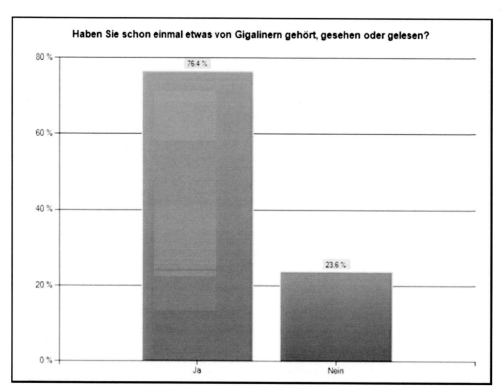

Abb. 26: Bekanntheit des Gigaliners in Deutschland 2012.
Quelle: Eigene Darstellung gem. Anlage 1.

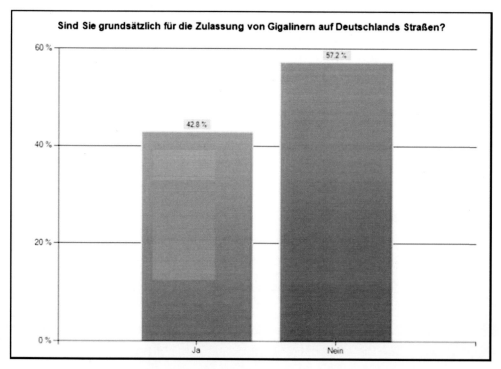

Abb. 27: Einstellung zur Zulassung von Gigalinern in Deutschland 2012a.
Quelle: Eigene Darstellung gem. Anlage 1.

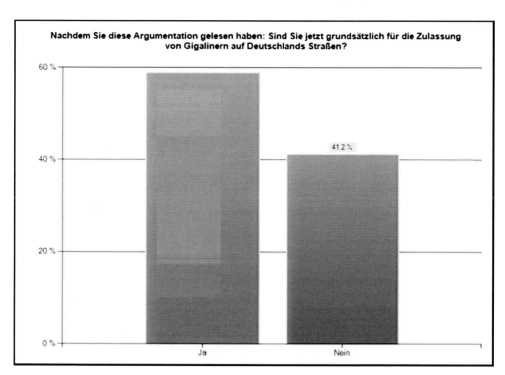

Abb. 28: Einstellung zur Zulassung von Gigalinern in Deutschland 2012b.
Quelle: Eigene Darstellung gem. Anlage 1.

Die Ergebnisse dieser Online-Umfrage sind selbstverständlich nicht repräsentativ und der Autor hat bewusst manipulativ auf die Teilnehmer eingewirkt und das Ergebnis positiv für die Zulassung des Gigaliners beeinflusst. Deshalb soll an dieser Stelle nicht weiter auf die Ergebnisse dieser Online-Umfrage eingegangen werden.

Aus den dargestellten Umfragen kann man schlussfolgern, dass die Akzeptanz des Gigaliners in der Bevölkerung eher gering ist. Die relevanten Umfragen zeigen alle ein entsprechendes Meinungsbild der Bevölkerung. In der Umfrage von 2006 lehnte eine Mehrheit von 48 Prozent der Befragten den Gigaliner ab (s. Abb. 19), in der Umfrage von 2007 waren es 73 Prozent (s. Abb 11), in der Umfage von 2010 sprachen sich 75 Prozent gegen den Gigaliner aus (s. Abb. 13) und in der Umfrage von 2011 waren es schließlich 73 Prozent (s. Abb. 24) bzw. 77 Prozent (s. Abb. 25), die gegen eine Zulassung des Gigaliners waren. Auch die nicht repräsentative Online-Umfrage des Autors liefert dieses Bild, in der sich immerhin 57,2 Prozent der Befragten (s. Abb. 27) gegen den Gigaliner ausgesprochen haben.

3.1.2 Verkehrssicherheit

Die Kampagne No Mega Trucks bezeichnet den Gigaliner schlichtweg als "gefährlich" (No Mega Trucks 2008a). Dabei beruft sich No Mega Trucks auf eine nicht näher bezeichnete Unfallstatistik des Straßenverkehrs und beziffert das Risiko zu sterben bei einem Unfall mit Lkw-Beteiligung als doppelt so hoch wie bei einem Unfall ohne Lkw-Beteiligung. Je höher das Fahrzeuggewicht, desto schwerwiegender die Unfallfolgen. Neben dem Gewicht wird auch die Länge des Gigaliners von 25,25 Metern als Sicherheitsrisiko bezeichnet. Besonders das Umfahren von Kurven, Kreuzungen und Verkehrskreiseln wird als problematisch eingestuft, da Bewegungsspielräume und Sicherheitsabstände oft nicht mehr vorhanden sind. Dabei bezieht sich No Mega Trucks auf einen Bericht der BASt von 2006. Als besondere Gefahr für den Autobahnverkehr wird der Schutz des Gegenverkehrs bei einem Unfall mit Gigalinerbeteiligung angeführt. Die auf den Autobahnen vorhandenen Leitplanken können einer Kollision mit einem Gigaliner nicht standhalten. Leitplanken mit einem ausreichenden Aufhaltevermögen sind im Moment nicht verfügbar und eine Ausstattung des gesamten Autobahnnetzes mit stärkeren Leitplanken wäre ohnehin wirtschaftlich nicht vertretbar. No Mega Trucks verweist dabei erneut auf den Bericht der BASt. Zudem wird auf die bereits bestehende Parkplatzproblematik hingewiesen. Europaweit reichen die Stellflächen für Lkw auf Rastplätzen nicht aus, so dass Lkw oftmals die Zu- und Ausfahrten von Rastplätzen zuparken und dadurch andere Verkehrsteilnehmer gefährden. Gigaliner würden dieses Problem noch vergrößern. Erschwerend hinzu kommt, dass normale Lkw-Stellflächen nicht auf die Länge eines Gigaliners ausgelegt sind. Erhöhte Gefahr besteht auch beim Überholen von Gigalinern. Das Überholen eines Gigaliners ist für andere Verkehrsteilnehmer risikoreicher als das Überholen eines Last- oder Sattelzuges, weil der Überholweg gegenüber einem Lastzug um 32,5 Meter und gegenüber einem Sattelzug sogar um 43,75 Meter länger ist (s. Abb. 29). Abschließend werden die schwerwiegenderen Folgen eines Tunnelbrandes bei Beteiligung eines Gigaliners genannt. Durch das höhere Ladevolumen steigt auch die Brandlast und für eine größere Brandlast sind die Sicherheitsvorkehrungen in Tunneln nicht ausreichend. Um das Sicherheitsniveau der Tunnel zu erhalten wären Nachrüstungen in Millionenhöhe notwendig (vgl. No Mega Trucks 2008d).

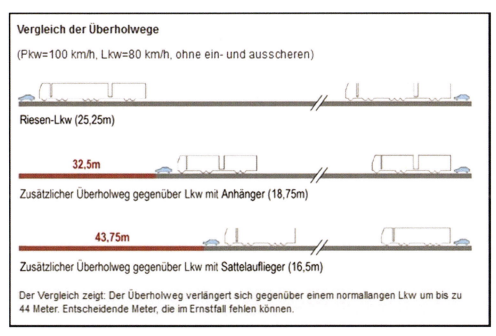

Abb. 29: Vergleich der Überholwege.
Quelle: No Mega Trucks 2008d.

Der Bericht der BASt von 2006, auf den sich No Mega Trucks bezieht, kommt zu dem Schluss, dass bestimmte Kurven, Kreuzungen und Verkehrskreisel "nicht ordnungsgemäß oder nur bedingt beziehungsweise unter bestimmten Voraussetzungen befahren werden können" (Bundesanstalt für Straßenwesen 2006: 84 f.). Obwohl z. T. große Unterschiede zwischen den getesteten längeren Fahrzeugkombinationen bestehen, treten bei allen Fahrzeugkombinationen Probleme aufgrund der größeren Fahrzeuglänge und der dadurch vorhandenen ungünstigeren Kurvenlaufeigenschaften auf. Dadurch werden andere Verkehrsteilnehmer gefährdet und auch Beschädigungen von Verkehrseinrichtungen sowie Fahrbandrandeinfassungen sind zu erwarten. Durch den Einsatz von Gigalinern ist besonders im Bereich von Rastplätzen mit erheblichen Problemen zu rechnen. Die vorhandenen Lkw-Stellflächen sind im Regelfall zu klein für Gigaliner, so dass diese in den Zu- und Ausfahrten von Rastplätzen abgestellt werden müssten. Aus Gründen der Verkehrssicherheit ist dies zu verhindern (vgl. Bundesanstalt für Straßenwesen 2006: 84 ff.).

Der Bericht der BASt von 2006 thematisiert auch die Problematik, dass die Leitplanken auf Autobahnen dem Aufprall eines Gigaliners kaum standhalten können. Dies erwähnt auch No Mega Trucks. Jedoch erwähnt No Mega Trucks nicht, dass man durch moderne Fahrerassistenzsysteme das Risiko und die Schwere eines Unfalls minimieren kann (vgl. Bundesanstalt für Straßenwesen 2006: 124).

Durch den Einsatz von Gigalinern sind keine schwerwiegenden Probleme für den Verkehrsablauf auf Autobahnen zu erwarten. Der Einsatz von Gigalinern und die damit verbundene Reduzierung des Lkw-Aufkommens würde zunächst eine Reduzierung der Unfälle mit Lkw-Beteiligung bewirken. Dieser Effekt könnte jedoch durch eine mögliche Veränderung des Modal Split, also der Aufteilung der Transportleistung auf verschiedene Verkehrsträger, aufgehoben werden, indem Transporte von anderen Verkehrsträgern auf die Straße verlagert werden (vgl. Bundesanstalt für Straßenwesen 2006: 92, 107). Diese beiden eher positiven Aspekt des Berichtes der BASt von 2006 werden von No Mega Trucks nicht erwähnt.

Es wird von No Mega Trucks auch nicht erwähnt, dass die BASt 2008 einen ergänzenden Bericht zu längeren Fahrzeugkombinationen veröffentlicht hat, in dem die neuesten Entwicklungen und veränderte Ausstattungsmerkmale der Fahrzeugkombinationen berücksichtigt wurden. Dieser Bericht kommt zu dem Schluss, dass die 2006 getesteten längeren Fahrzeugkombinationen besonders im Bereich der Fahrzeugtechnik weiterentwickelt wurden und sich die Fahreigenschaften dadurch deutlich verbessert haben. Das Befahren von Kurven, Kreuzungen und Verkehrskreiseln stuft die BASt nun als prinzipiell möglich ein. Jedoch hält die BASt den innerörtlichen Einsatz von Gigalinern weiterhin für eine Gefährdung der Verkehrssicherheit, insb. für nichtmotorisierte Verkehrsteilnehmer. Durch den Einsatz von Gigalinern sind auch nach dem Bericht von 2008 keine schwerwiegenden Probleme für den Verkehrsablauf auf Autobahnen zu erwarten (vgl. Bundesanstalt für Straßenwesen 2008: 41).

Auch der BGA hat in einem Positionspapier von 2006 Stellung zu Fragen der Verkehrssicherheit genommen. Der Überholweg eines Gigaliners ist demnach 32,5 Meter länger als der eines Lastzuges und 43,6 Meter länger als der eines Sattelzuges (s. Abb. 30). Diese Angaben sind mit denen von No Mega Trucks nahezu identisch (vgl. Abb. 29). Der BGA gibt aber nicht nur den längeren Überholweg, sondern auch die längere Überholdauer an. Demnach dauert das Überholen eines Gigaliners mit den in Abb. 30 genannten Parametern 1,17 Sekunden länger als das Überholen eines Lastzuges und 1,57 Sekunden länger als das Überholen eines Sattelzuges. Der BGA beschreibt weiterhin, dass die Leitplanken auf Autobahnen einer Kollision mit einem Gigaliner nicht standhalten können. Dieses Problem hat bereits No Mega Trucks angesprochen. Allerdings erweitert der BGA die Problematik insofern, dass die Leitplanken auf Autobahnen einer Kollision mit einem herkömmlichen Lkw ebenfalls nicht standhalten können, da Leitplanken derzeit nur Lkw mit einem Gesamtgewicht von 38 Tonnen zurückhalten können. Das erwähnt No Mega Trucks nicht. Damit ist der Gigaliner in diesem Punkt nicht besser, aber auch nicht schlechter als heute übliche Lkw (vgl. Bundesverband des Deutschen Groß- und Außenhandels e.V. 2006b: 2).

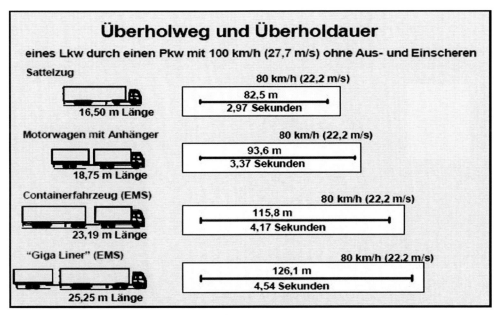

Abb. 30: Überholweg und Überholdauer.
Quelle: Bundesverband des Deutschen Groß- und Außenhandels e.V. 2006b: 2.

Das Institut für Kraftfahrzeuge der RWTH Aachen (Rheinisch-Westfälische Technische Hochschule) hat für die FAT-Schriftenreihe 220 das fahrdynamische Verhalten innovativer Nutzfahrzeugkonzepte analysiert. Dabei wurde festgestellt, dass die Fahrzeugkonzepte z. T. bis in den Grenzbereich eine hohe Fahrstabilität aufweisen. Die insgesamt guten Ergebnisse der Analyse sind auch auf den Einsatz elektronischer Bremssysteme zurückzuführen, die einen großen Beitrag für die Fahrstabilität leisten (vgl. Wöhrmann 2008: 100 f.).

Die gesetzlichen Anforderungen an die Kurvenlaufeigenschaften sind in § 32d StVZO geregelt. Demnach müssen Kraftfahrzeuge und Fahrzeugkombinationen den sog. BO-Kraftkreis einhalten. Das bedeutet, dass Gigaliner einen Kreis mit einem Außenradius vom 12,5 Metern und einem Innenradius von 5,3 Metern befahren können müssen, ohne dass ein Teil des Fahrzeugs die 7,2 Meter breite Kreisbahn um mehr als 0,8 Meter nach außen überschreitet (s. Abb. 31). Die Initiative für Innovative Nutzfahrzeuge attestiert dem Gigaliner durch Einsatz eines Dollys Beweglichkeit und Flexibilität. Jedoch wird nicht darauf hingewiesen, dass nicht jede Fahrzeugkombination einen Dolly verwendet und es wird auch nicht erwähnt, ob der Gigaliner den BO-Kraftkreis einhält oder nicht. Konkreter wird da die BASt in ihrem Bericht von 2008. Von den getesteten Fahrzeugkombinationen kann nur eine den BO-Kraftkreis einhalten. Die anderen halten zwar alle das Ausschermaß von 0,8 Metern ein, überschreiten aber die innere Ringfläche geringfügig. Die BASt weist allerdings darauf hin, dass die Einhaltung bzw. Nicht-Einhaltung des BO-Kraftkreises nur unzureichende Informationen für den praktischen Einsatz des Gigaliners liefern kann (vgl. Bundesanstalt für Straßenwesen 2008: 5 f.; Initiative für Innovative Nutzfahrzeuge 2011: 10).

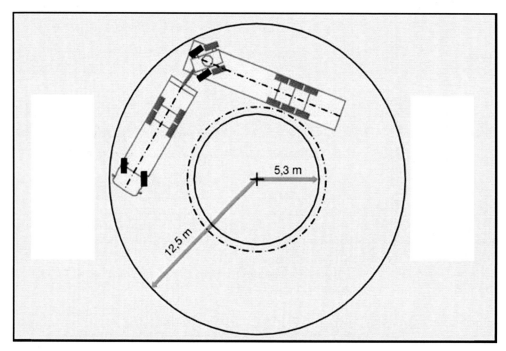

Abb. 31: BO-Kreisfahrt einer 25,25m-Zugkombination.
Quelle: Initiative für Innovative Nutzfahrzeuge 2011: 10.

Durch den Einsatz von Gigalinern wird der Straßenbedarf reduziert. In Abb. 32 ist das Ergebnis einer Modellrechnung dargestellt, das sich auf die Wachstumsprognosen des Verkehrsministeriums bezieht. Demnach wird der Straßenbedarf von 1997 bis 2015 um 60 Prozent steigen. Die Anzahl herkömmlicher Lkw würde sich entsprechend erhöhen. Würde man das Wachstum durch den Einsatz von Gigalinern auffangen, würde die Anzahl der Lkw in etwa gleich bleiben, der Straßenbedarf würde jedoch nur um 12 Prozent steigen (vgl. Bundesverband des Deutschen Groß- und Außenhandels e.V. 2006b: 4).

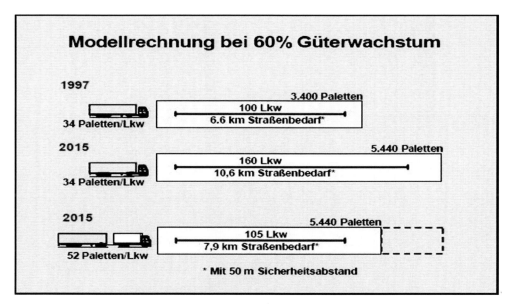

Abb. 32: Modellrechnung bei 60 Prozent Güterwachstum.
Quelle: Bundesverband des Deutschen Groß- und Außenhandels e.V. 2006b: 4.

Die Initiative für Innovative Nutzfahrzeuge nimmt eine einfachere Rechnung vor. Auf Basis des EMS, das aus drei heute üblichen Lkw mit einer Länge von 16,50 bzw. 18,75 Metern zwei Lkw-Kombinationen mit einer Länge von 25,25 Metern macht (s. Kap. 2.3), wird lediglich der Straßenbedarf der drei heute üblichen Lkw und der zwei Lkw-Kombinationen errechnet (s. Abb. 33). Im Ergebnis benötigen die drei herkömmlichen Lkw etwa 150 Meter Straße, die zwei Gigaliner dagegen nur etwa 100 Meter. Dadurch wird der mögliche Straßenbedarf um etwa ein Drittel gesenkt (vgl. Initiative für Innovative Nutzfahrzeuge 2011: 10). Beim Modellversuch aus Abb. 32 wäre der mögliche Straßenbedarf um etwa ein Viertel geringer.

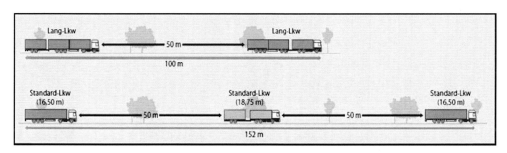

Abb. 33: Straßenbedarf Lang-Lkw und Standard-Lkw.
Quelle: Initiative für Innovative Nutzfahrzeuge 2011: 10.

Mit dem Verkehrssimulationsprogramm PELOPS (**P**rogrammsystem zur **E**ntwicklung **L**ängsdynamischer mikr**O**skopischer Verkehrs**P**rozesse in **S**ystemrelevanter Umgebung) wurde in drei Szenarien der Einfluss von Gigalinern auf den Verkehrsfluss betrachtet. Die Auswertung der Ergebnisse zeigte, dass die Simulation eine durchaus realistische bzw. übertragbare Darstellung des Autobahnverkehrs in Deutschland ist. Es wurde festgestellt, dass Gigaliner einerseits den Verkehrsfluss verbessern und andererseits keinen negativen Einfluss auf den Verkehr ausüben. In alltäglichen Fahrsituationen beeinflussen Gigaliner andere Verkehrsteilnehmer nicht stärker als herkömmliche Lkw (vgl. Wöhrmann 2009: 27 ff.).

Es gibt bisher kaum Daten über Unfälle mit Beteiligung von Gigalinern in Deutschland. Die Anzahl von Unfällen mit Beteiligung schwerer Lkw mit einem zulässigen Gesamtgewicht von mehr als zwölf Tonnen ist in den letzten zehn Jahren stabil, wobei jedoch die Anzahl der dabei getöteten Personen starken Schwankungen unterliegt. Der größte Anteil an Unfällen mit Beteiligung schwerer Lkw ereignet sich innerorts und Unfallverursacher ist in den meisten Fällen auch der schwere Lkw. Die Unfälle mit Beteiligung schwerer Lkw, die die schwerwiegendsten Folgen nach sich ziehen, ereignen sich auf Landstraßen außerhalb der Autobahnen. Die Unfälle werden in den meisten Fällen von Pkw verursacht. Die Unfälle auf Landstraßen sind deshalb oft mit so schwerwiegenden Folgen verbunden, da der Lkw dem Pkw in Größe und Masse deutlich überlegen ist und da auf Landstraßen frontale Kollisionen möglich sind und sich auch häufiger zutragen. Auf Autobahnen haben Unfälle mit Beteiligung schwerer Lkw häufig große Auswirkungen auf die Verkehrqualität, wie z. B. durch Vollsperrungen oder andere negative Beeinträchtigungen anderer Verkehrsteilnehmer. Besonders die Unfälle, die große Auswirkungen auf die Verkehrqualität haben, ziehen eine große mediale Aufmerksamkeit auf sich. Die häufigste Unfallursache von Unfällen mit Beteiligung schwerer Lkw auf Autobahnen ist die unangepasste Geschwindigkeit des Unfallverursachers. Die zweithäufigste Unfallursache ist zu geringer Abstand. Technische Mängel, Ladungssicherung oder Alkoholeinfluss spielen als Unfallursache kaum eine Rolle. Ermüdung ist bei Unfällen mit Beteiligung schwerer Lkw selten die Unfallursache, aber diese Unfälle ziehen überdurchschnittlich schwerwiegende Unfallfolgen nach sich. Überdurchschnittlich schwerwiegende Unfallfolgen sind weiterhin auch bei Unfällen in den Nachtstunden festzustellen. In den Medien sind Unfälle mit Beteiligung schwerer Lkw überrepräsentiert und oftmals mit entsprechend negativen Wertungen versehen. Dadurch wird die öffentliche Meinung zum Lkw und auch zum Gigaliner negativ geprägt und die Bevölkerung entwickelt Vorurteile gegen den Lkw bzw. den Gigaliner (vgl. Schulze et al. 2007: 16 f., 32).

Für die FAT-Schriftenreihe 212 wurde eine Studie mit dem Namen Wirtschaftlichkeitsanalyse EuroCombi durchgeführt. Im Rahmen dieser Studie wurden große Logistik- und Transportunternehmen befragt, die sich einen Einsatz von Gigalinern vorstellen können. Den Abschluss der Studie bildeten Erkenntnisse, die über das eigentliche Thema hinausgehen. Dabei wird als positver Nebeneffekt bei einer Einführung des

Gigaliners die Fahrzeugsicherheit genannt. Dabei wird die Theorie aufgestellt, dass sich durch den Gigaliner das Unfallrisiko deutlich reduziert. Begründet wird diese Theorie mit den hohen Anforderungen an die Sicherheitsausstattung der Fahrzeuge aufgrund der Vorgaben von Gesetzgeber und Politik sowie die besondere Schulung der Fahrer und deren detaillierte Streckenkenntnisse (vgl. Diederichsmeier et al. 2007: 4, 16).

In ihrem Faktenpapier zum Feldversuch mit dem Lang-Lkw geht die Initiative für Innovative Nutzfahrzeuge auch auf das Thema Sicherheit ein. Die Gigaliner werden mit allen verfügbaren aktiven und passiven Sicherheitssystemen ausgestattet. Dazu zählen z. B. ein Spurhalteassistent, der verhindert, dass der Gigaliner von der Fahrbahn abkommt und evtl. durch eine Leitplanke auf der Autobahn bricht, oder ein radarbasierter Abstandsregeltempomat zur Vermeidung von Auffahrunfällen. Die Sicherheitssysteme sind in Abb. 34 grafisch dargestellt. Ein weiterer Aspekt zum Thema Sicherheit ist die besondere Qualifikation der Fahrer. Die Fahrer benötigen eine gewisse Fahrerfahrung und werden in speziellen Sicherheitstrainings, z. B. zur Fahrdynamik oder Ladungssicherung, auf das Fahren von Gigalinern vorbereitet. Erste Rückmeldungen zeigen, dass die Fahrer von Gigalinern keine Probleme beim Umstieg vom herkömmlichen Lkw auf den Gigaliner hatten und sich auch mit dem Gigaliner selbst keine Probleme ergaben. Die Anforderungen an das Fahrzeug und den Fahrer sind in § 5 und § 11 LKWÜberlStVAusnV geregelt (s. Kap. 2.4). Das Überholen eines Gigaliners wird auch auf zweispurigen Straßen nicht als unvertretbares Risiko eingestuft. Nach Angaben der BASt werden beim Überholen eines Gigaliners aufgrund eines Zeitmehrbedarfs von 0,8 Sekunden 50 zusätzliche Meter Sichtweite benötigt. Auch an Autobahnbaustellen mit verengten Fahrbahnen ist das Überholen von Gigalinern gefahrlos möglich, da die Gigaliner nicht breiter sein dürfen als herkömmliche Lkw. Die Initiative für Innovative Nutzfahrzeuge betont, dass der Bremsweg des Gigaliners nicht länger ist als der Bremsweg herkömmlicher Lkw. Das ist dadurch begründet, dass das zulässige Gesamtgewicht der im Feldversuch zugelassenen Gigaliner nicht höher sein darf als das herkömmlicher Lkw. Der Gigaliner hat auch eine größere Anzahl an Achsen, an denen Bremskraft mobilisiert werden kann und der Gigaliner ist mit den bestmöglichen Bremseinrichtungen ausgestattet, so dass sogar von einem besseren Bremsverhalten gegenüber herkömmlichen Lkw ausgegangen werden kann (vgl.Initiative für Innovative Nutzfahrzeuge 2011: 9).

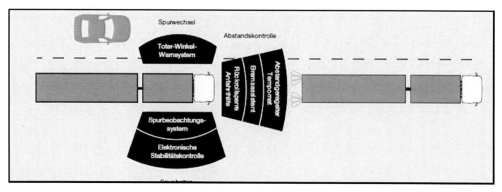

Abb. 34: Aktive und passive Sicherheitssysteme des Lang-Lkw.
Quelle: Initiative für Innovative Nutzfahrzeuge 2011: 9.

Ein weiterer Punkt, der die allgemeine Verkehrssicherheit betrifft, ist, dass der Gigaliner nur auf klar definierten Strecken fahren darf. Das konkrete Streckennetz ist in der LKWÜberlStVAusnV bzw. der Ersten Verordnung zur Änderung der LKWÜberlStV-AusnV beschrieben (s. Kap. 2.4). Der Einsatz von Gigalinern in Innenstädten und Wohngebieten ist grundsätzlich nicht vorgesehen. Vielmehr sollen die Gigaliner im Direktverkehr zwischen logistischen Knoten eingesetzt werden, da dort auch ihre Stärke liegt (vgl. Initiative für Innovative Nutzfahrzeuge 2011: 10).

ADAC und BGL haben für den aktuell laufenden Feldversuch gefordert, dass "der Schwerpunkt des Feldversuchs auf Fragen der Verkehrssicherheit und des Verkehrsablaufs zu legen [ist]" (Bundesverband Güterkraftverkehr Logistik und Entsorgung e.V. 2011c). Dabei sollten nach Ansicht des ADAC und des BGL besonders kritische Punkte, wie z. B. Kreisverkehre, Kreuzungen, Ortsdurchfahrten und Bahnübergänge, betrachtet werden. Zudem fordern der ADAC und der BGL, dass die am Feldversuch teilnehmenden Gigaliner mit spezieller Sicherheitstechnik ausgerüstet sind, die Fahrer der Gigaliner besonders zuverlässig sind und der Feldversuch wissenschaftlich begleitet wird (vgl. Bundesverband Güterkraftverkehr Logistik und Entsorgung e.V. 2011c). Diese Forderungen werden im aktuell laufenden Feldversuch vollständig erfüllt (s. Kap. 2.4).

Der ADAC hat im Januar 2012 das auch im Feldversuch maximal zulässige Gesamtgewicht der Gigaliner von 40 Tonnen bzw. 44 Tonnen im Vor- und Nachlauf des kombinierten Verkehrs (s. Kap. 2.4) ausdrücklich begrüßt. Weiterhin vertritt der ADAC die Auffassung, dass diese Einschränkung auch nach Beendigung des Feldversuchs aus Gründen der Verkehrssicherheit Bestand haben muss. Die generelle Zulassung von Gigalinern zum Verkehr, insb. auf allen Straßen, hält der ADAC für eine Gefährdung der Verkehrssicherheit und des Verkehrsflusses. Der ADAC stuft den Gigaliner als nicht geeignet für das gesamte Straßenverkehrsnetz ein und fordert, dass Gigaliner auch nach dem Feldversuch nur aufgrund spezieller Genehmigungen am Verkehr teilnehmen dürfen (vgl. Allgemeiner Deutscher Automobil-Club e. V. 2012).

Zusammenfassend kann man feststellen, dass sich der Gigaliner in den letzten Jahren besonders im Bereich der Fahrzeugtechnik weiterentwickelt hat und sich dadurch die Fahreigenschaften, insb. beim Befahren von Verkehrsanlagen, deutlich verbessert haben. Für den Verkehrsablauf auf Autobahnen sind keine schwerwiegenden Probleme zu erwarten. Zudem wird durch den Einsatz von Gigalinern der Straßenbedarf reduziert. Weiterhin ist zu erwarten, dass Gigaliner einerseits den Verkehrsfluss verbessern und andererseits keinen negativen Einfluss auf den Verkehr ausüben. Eine Veränderung des Modal Split und eine dadurch mögliche Verlagerung von Transporten von anderen Verkehrsträgern auf die Straße sind in diese Betrachtung nicht einbezogen. Da bisher kaum Daten über Unfälle mit Beteiligung von Gigalinern in Deutschland vorliegen, müssen erst die Ergebnisse des Feldversuchs ausgewertet werden. Im Moment ist in Bezug auf Unfälle mit Beteiligung von Gigalinern keine fundierte Aussage möglich.

3.1.3 Modal Split

Aktuelle Prognosen besagen, dass das Güterverkehrsaufkommen in der EU in den nächsten 15 bis 20 Jahren um bis zu 25 Prozent steigen wird. Das gesamte Verkehrsaufkommen in Europa soll bis 2020 sogar um 30 bis 40 Prozent steigen (vgl. Budi; Sales 2009: 41).

Der steigende Transportbedarf lässt sich durch die Erweiterung des Wirtschaftsraumes der EU und das Bestreben, den Wohlstand in allen Mitgliedstaaten der EU anzugleichen, erklären. Die prognostizierte Transportleistung für Deutschland zeigt erhebliche Steigerungen bis 2025 bei der Straße, der Binnenschiffahrt und der Schiene. In Abb. 35 sind die Transportleistung in Deutschland von 2004 und die prognostizierte Transportleistung für Deutschland von 2025 in einer Grafik gegenübergestellt. Dabei ist bei der Straße eine Steigerung um 84 Prozent, bei der Binnenschiffahrt um 26 Prozent und bei der Schiene um 65 Prozent zu erkennen (vgl. Wöhrmann 2009: 7, 13).

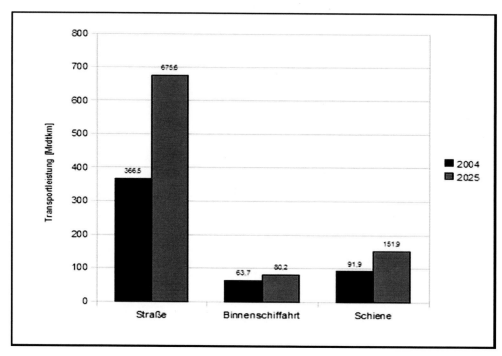

Abb. 35: Prognostitizierte Transportleistung für Deutschland bis 2025.
Quelle: vgl. Wöhrmann 2009: 13.

Ausgehend vom Jahr 2004 erwartet die Bundesregierung bis zum Jahr 2025 eine Steigerung des Güterverkehrs um insgesamt gut 70 Prozent. Für den Straßengüterfernverkehr erwartet die Bundesregierung sogar eine Steigerung um über 80 Prozent. Die Initiative für Innovative Nutzfahrzeuge hält aus diesem Grund eine erhebliche Effizienzsteigerung bei allen Verkehrsträgern für dringend erforderlich. Abb. 36 zeigt eine aktuelle Prognose für den Güterverkehr in Deutschland bis zum Jahr 2025. Ausgehend vom Jahr 2010 wird bis zum Jahr 2025 eine Steigerung um 40 Prozent beim Binnenschiff, um 46 Prozent bei der Bahn und um 55 Prozent beim Lkw erwartet (vgl. Initiative für Innovative Nutzfahrzeuge 2011: 4).

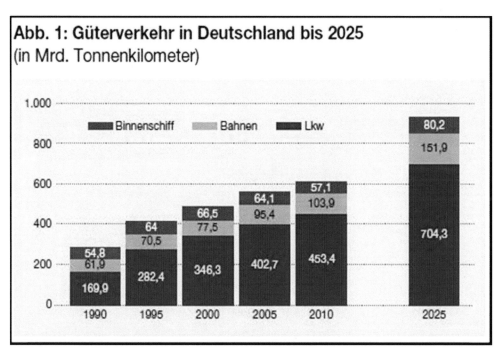

Abb. 36:   Güterverkehr in Deutschland bis 2025.
Quelle: Initiative für Innovative Nutzfahrzeuge 2011: 4.

In Abb. 37 ist die Aufteilung des Modal Split für Westeuropa aus dem Jahr 2006 dargestellt. Die Darstellung basiert auf der Güterverkehrsleistung der Verkehrsträger Schiene, Straße, Binnenschiff und Pipeline. Die gesamte Güterverkehrsleistung in Westeuropa im Jahr 2006 betrug 1.873,3 Mrd. tkm. Dabei erbrachte die Straße einen Anteil von 73 Prozent, die Schiene 15 Prozent, das Binnenschiff 7 Prozent und die Pipeline 5 Prozent der Gesamtleistung. Betrachtet man nur die Zahlen von Deutschland, betrug die gesamte Güterverkehrsleistung 516,8 Mrd. tkm. Davon leistete die Straße einen Anteil von 64 Prozent, die Schiene 21 Prozent, das Binnenschiff 12 Prozent und die Pipeline 3 Prozent der Gesamtleistung. Im Vergleich zu Westeuropa ist der Modal Split in Deutschland bei der Straße um 9 Prozent geringer, bei der Schiene um 6 Prozent höher, beim Binnenschiff um 5 Prozent höher und bei der Pipeline um 2 Prozent geringer. Die Unterschiede vom Verkehrsträger Straße zu den anderen Verkehrsträgern sind in Deutschland demnach nicht so groß wie im gesamten Westeuropa. Auffällig ist, dass die Güterverkehrsleistung der Schiene in Deutschland 38 Prozent der gesamten Güterverkehrsleistung der Schiene in Westeuropa beträgt (vgl. Göpfert; Braun 2008: 29 f.).

Güterverkehrsleistung in Westeuropa [Mrd. Tkm] in 2006				
Land	Schiene	Straße	Binnenschiff	Pipeline
Belgien	8,6	45,7	8,8	1,6
Dänemark	1,9	11,5		4,9
Deutschland	107,0	330,0	64,0	15,8
Finnland	11,1	25,5	0,1	
Frankreich	40,8	198,8	9,0	21,8
Griechenland	0,7	16,5		
Großbritannien	22,1	167,1	0,2	11,2
Irland	0,2	17,7		
Island				
Italien	20,9	168,7	0,1	11,1
Liechtenstein		0,3		
Luxemburg	0,4	0,6	0,4	
Malta				
Niederlande	5,3	35,4	43,6	5,8
Norwegen	2,4	16,5		4,8
Österreich	21,0	18,8	1,8	7,7
Portugal	2,4	18,2		
Schweden	14,4	35,5		
Schweiz	12,3	25,4	0,1	0,2
Spanien	11,6	235,8		9,2
Zypern				
Westeuropa	283,1	1368,0	128,1	94,1

Abb. 37: Güterverkehrsleistung in Westeuropa [Mrd. tkm] in 2006.
Quelle: vgl. Göpfert; Braun 2008: 30.

Abb. 38 und Abb. 39 zeigen den Modal Split in Deutschland aus dem Jahr 2004 und den prognostizierten Modal Split für Deutschland aus dem Jahr 2025. Dabei werden die drei in Deutschland wichtigsten Verkehrträger, die Straße, die Schiene und das Binnenschiff, berücksichtigt. Prognostiziert wird dabei eine geringe Verlagerung von Schiene und Binnenschiff auf die Straße. Der Anteil der Schiene an der gesamten Transportleistung in Deutschland sinkt von 18 auf 17 Prozent, die des Binnenschiffes von 12 auf 9 Prozent. Dafür steigt der Anteil der Straße von 70 auf 74 Prozent (vgl. Wöhrmann 2009: 12 ff.).

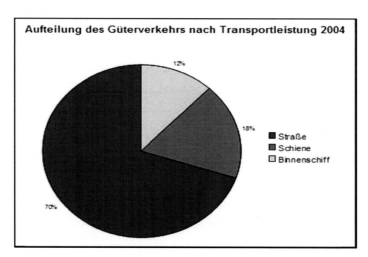

Abb. 38: Modal Split in Deutschland 2004.
Quelle: vgl. Wöhrmann 2009: 12.

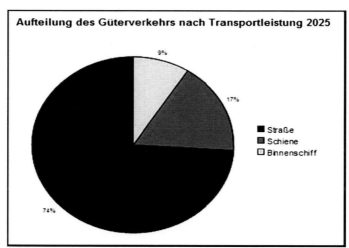

Abb. 39: Prognostizierter Modal Split für Deutschland 2025.
Quelle: vgl. Wöhrmann 2009: 14.

Die Verkehrsträger Straße und Schiene führen einen großen Anteil aller Transporte in Deutschland durch. Bezogen auf die Infrastruktur arbeiten beide Verkehrsträger bereits heute an ihrer Belastungsgrenze. Beide Verkehrsträger können hinsichtlich ihrer Infrastruktur nicht in gleichem Maße wachsen wie das Transportaufkommen. Daher ist es zwingend notwendig über Alternativen nachzudenken. Eine mögliche Alternative wären neue Nutzfahrzeugkonzepte. Insb. durch die Anpassung von Längen und Maßen von Nutzfahrzeugen könnte das wachsende Transportaufkommen bewältigt werden. Bei den zu erwartenden Wachstumsraten kann man auch nicht von einem Verdrängungswettbewerb der Verkehrsträger sprechen. Bei allen Verkehrsträgern müssen neue Konzepte erarbeitet werden um die Transportkapazitäten zu erweitern und dadurch die Aufgabe des wachsenden Transportaufkommens zu lösen (vgl. Wöhrmann 2009: 8, 16).

Eine mögliche Einführung des Gigaliners würde zu Kosteneinsparungen beim Straßengüterverkehr führen. Infolgedessen würde sich die Wettbewerbsfähigkeit des Straßengüterverkehrs gegenüber dem Schienengüterverkehr verbessern und eine dadurch bedingte Verlagerung von Transporten von der Schiene auf die Straße ist nicht auszuschließen. Die Schiene hingegen hat gegenüber der Straße aufgrund ihrer deutlich höheren maximalen Achslast insb. bei gewichtskritischen Gütern einen Wettbewerbsvorteil. Zudem ist die Schiene gerade auf langen Strecken gegenüber der Straße bezüglich der Transportkosten konkurrenzfähig. Der Gigaliner zeigt seine Stärke dagegen bei volumenkritischen Gütern. Mögliche Verlagerungseffekt durch die Einführung des Gigaliners von der Schiene auf die Straße würden sich wahrscheinlich nur auf einen kleinen Bereich des Schienengüterverkehrs beziehen. Die Stärke dieser Verlagerungseffekte hängt auch davon ab, ob der Gigaliner deutschland- oder europaweit eingeführt wird (vgl. Kienzler; Bitter 2006: 70 ff.).

Die Einführung des Gigaliners könnte besonders für Spediteure interessant sein, deren Kerngeschäft die reine Transportdienstleistung ist. In diesem Bereich findet der Wettbewerb fast ausschließlich über den Preis statt und der Einsatz von Gigalinern könnte den Spediteuren einen Wettbewerbsvorteil verschaffen (vgl. Ernst 2008: 11).

In einer Studie von K+P Transport Consultants aus dem Jahr 2006 wird festgestellt, dass es dem kombinerten Verkehr seit ungefähr 2001 durch Verbesserung der Leistungsqualität und Konzentration auf wettbewerbsfähige Märkte gelungen ist, dem Preisdruck des Straßengüterverkehrs standzuhalten (vgl. K+P Transport Consultants 2006: 11). Diese Studie baut auf der FAT-Schriftenreihe 204 auf und ergänzt diese um mögliche Auswirkungen der Einführung des Gigaliners auf den Schienengüterverkehr und im Besonderen auf den kombinierten Verkehr. Auf die FAT-Schriftenreihe 204 hat sich auch der Autor in dieser Studie bereits bezogen und diese im Kurzbeleg mit Kienzler; Bitter 2006 gekennzeichnet.

Die gleiche Studie kommt zu dem Schluss, dass die Einführung des Gigaliners die Stückkosten des Straßengüterfernverkehrs bezogen auf den Palettenstellplatz deutlich reduzieren würde. Dadurch würde sich die Wettbewerbsfähigkeit des Straßengüterfernverkehrs gegenüber dem kombinierten Verkehr stark verbessern. In der Folge würde es zu Verlagerungen vom kombinierten Verkehr auf den Direktverkehr im Straßengüterfernverkehr kommen. Die Verluste des Transportaufkommens beim kombinierten Verkehr werden dabei auf 7 bis 15 Prozent geschätzt. Werden bei der Schätzung auch die durch die Verluste steigenden Stückkosten im kombinierten Verkehr berücksichtigt, kann sich der Verlust des Transportaufkommens beim kombinierten Verkehr bis 2015 sogar auf über 30 Prozent erhöhen (vgl. K+P Transport Consultants 2006: 43 ff.).

In einer weiteren Studie von 2011 untersucht K+P Transport Consultants in Zusammenarbeit mit dem Fraunhofer-Institut für System- und Innovationsforschung ISI die durch die Einführung des Gigaliners möglichen Veränderungen des Modal Split. Dabei werden anhand von fünf ausgewählten europäischen Korridoren die möglichen Umfänge und Auswirkungen von Verlagerungen des Schienengüterverkehrs auf den Straßengüterverkehr dargestellt. Bei der Betrachtung der Ergebnisse ist allerdings zu berücksichtigen, dass diese Studie von der CER (Community of European Railway and Infrastructure Companies), einem Interessenverband der Eisenbahnverkehrs- und Eisenbahninfrastrukturunternehmen, in Auftrag gegeben wurde. Die Studie liegt dem Autor in einer deutschen Kurzfassung und der englischen Originalfassung vor. Im Rahmen dieser Studie wurden zwei Varianten des Gigaliners untersucht: Der erste Gigaliner hat eine Länge von 25,25 Metern und ein zulässiges Gesamtgewicht von 44 Tonnen. Der zweite Gigaliner hat ebenfalls eine Länge von 25,25 Metern, jedoch ein zulässiges Gesamtgewicht von 60 Tonnen. Die Studie kommt zu dem Ergebnis, dass die Gigaliner Kostenvorteile bei den Stückkosten bezogen auf den Palettenstellplatz gegenüber konventionellen Lkw haben. Der 44t/25,25m Gigaliner hat dabei leicht geringere Stückkosten pro Palettenstellplatz als der 66t/25,25m Gigaliner. Die Kostenvorteile des 44t/25,25m Gigaliners gegenüber dem konventionellen Lkw liegen bei 22,4 Prozent, die des 66t/25,25m Gigaliners bei 15,6 Prozent (vgl. K+P Transport Consultants 2011b: 24 f., 32).

Infolge dieser Kostenvorteile kommt es zu Verlagerungen des Schienengüterverkehrs auf den Straßengüterverkehr, sowohl im kombinierten Verkehr als auch im Einzelwagenverkehr. Der 44t/25,25m Gigaliner bewirkt aufgrund der größten Kostenvorteile auch die größte Verlagerung. Der Einzelwagenverkehr ist dabei wegen seines hohen Fixkostenanteils stärker betroffen als der kombinierte Verkehr. Dabei ist der Einzelwagenverkehr in einem der untersuchten Korridore mit einer Rückverlagerung auf die Straße von über 35 Prozent so stark betroffen, dass mit einem vollkommenen oder partiellen Zusammenbruch des Marktes für Einzelwagenverkehre gerechnet werden muss (vgl. K+P Transport Consultants 2011a: 4 ff.).

In Abb. 40 sind die Ergebnisse der Modellrechnung der Rückverlagerung von der Schiene auf die Straße für den kombinierten Verkehr im Jahr 2020 dargestellt. Für den 66t/25,25m Gigaliner beträgt die Modalverschiebung in etwa 8 bis 11 Prozent, für den 44t/25,25m Gigaliner liegt sie bei etwa 10 bis 13 Prozent. Die Ergebnisse der Modellrechnung für den Einzelwagenverkehr im Jahr 2020 sind in Abb. 41 aufgezeigt. Die Modalverschiebung beträgt für den 66t/25,25m Gigaliner ungefähr zwischen 14 und 26 Prozent, für den 44t/25,25m Gigaliner liegt sie ungefähr zwischen 21 und 37 Prozent (vgl. K+P Transport Consultants 2011b: 89 f.).

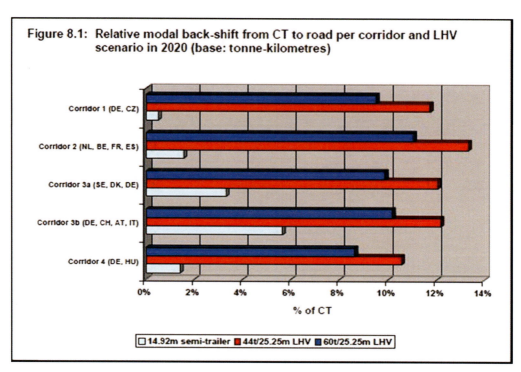

Abb. 40: Modalverschiebung im kombinierten Verkehr im Jahr 2020.
Quelle: K+P Transport Consultants 2011b: 89.

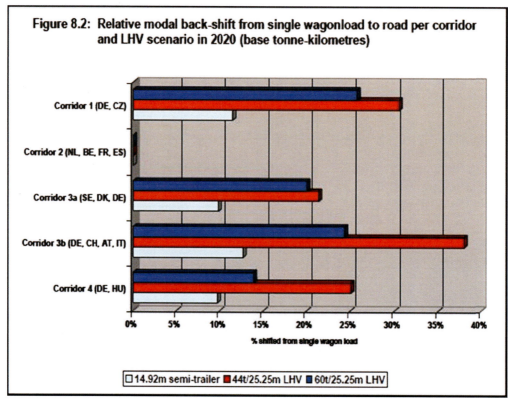

Abb. 41: Modalverschiebung im Einzelwagenverkehr im Jahr 2020.
Quelle: K+P Transport Consultants 2011b: 90.

No Mega Trucks beziffert die Verlagerung von der Schiene auf die Straße beim kombinierten Verkehr auf bis zu 55 Prozent und bezieht sich dabei auf eine Studie des Fraunhofer-Instituts für System- und Innovationsforschung ISI von 2009. Diese Studie bezieht sich bei den Zahlen zur Verlagerung von der Schiene auf die Straße jedoch auf verschiedene andere Studien und gibt lediglich die z. T. deutlich unterschiedlichen Ergebnisse wieder. Dabei werden auch Zahlen genannt, die deutlich unter den von No Mega Trucks genannten 55 Prozent liegen. No Mega Trucks hat einfach die höchste in der Studie genannte Prozentzahl ausgewählt und auf ihrer Webseite als von Gutachtern erwartete Verlagerung von der Schiene auf die Straße beim kombinierten Verkehr veröffentlicht (vgl. Fraunhofer-Institut für System- und Innovationsforschung ISI 2009: 34 ff.; No Mega Trucks 2008e).

Der BGL vertritt die Ansicht, dass die Herausforderung des steigenden Güterverkehrs nur durch eine Optimierung der spezifischen Stärken jedes einzelnen Verkehrsträgers und eine bessere Vernetzung aller Verkehrsträger bewältigt werden kann. Deshalb ist es dem BGL besonders wichtig, dass die Fahrzeugabmessungen der Gigaliner das problemlose Umsteigen der Transportbehälter im kombinierten Verkehr erlauben und sich dem kombinierten Verkehr dadurch neue Möglichkeiten eröffnen. Eine Möglichkeit wäre z. B. der Einsatz von Gigalinern im Vor- und Nachlauf des kombinierten Verkehrs Straße und Schiene, dessen Kosten bis zu 50 Prozent der Gesamtkosten ausmachen können. Die dabei durch den Einsatz von Gigalinern reduzierten Kosten würden den kombinierten Verkehr Straße und Schiene wirtschaftlich stärker machen. Somit könnte auch der Schienengüterverkehr von der Einführung des Gigaliners profitieren (vgl. Bundesverband Güterkraftverkehr Logistik und Entsorgung e.V. 2011a; Bundesverband Güterkraftverkehr Logistik und Entsorgung e.V. 2011d).

Die Initiative für Innovative Nutzfahrzeuge weist die Bedenken, dass ein großer Anteil der Transporte durch die Einführung des Gigaliners von der Schiene auf die Straße verlagert werden könnte, zurück. Dabei verweist die Initiative für Innovative Nutzfahrzeuge auf eine Studie, die von der EU in Auftrag gegeben wurde. Diese Studie besagt, dass nur 2 bis 5 Prozent des Schienengüterverkehrs durch die Einführung des Gigaliners von einer Verlagerung auf die Straße betroffen sein könnten. Dabei wird jedoch nicht erwähnt, um welche Studie es sich handelt. Deshalb kann der Autor diese Aussage nicht überprüfen. Weiterhin führt die Initiative für Innovative Nutzfahrzeuge aus, dass der Gigaliner hauptsächlich volumenorientiert eingesetzt werden soll, d. h. der Einsatz des Gigaliner soll vor allem den Transport leichter und hochwertiger Güter effizienter machen. Die Stärke der Schiene liegt dagegen im Transport schwerer Güter über große Distanzen. Und bei der zu erwartenden Steigerung des Güterverkehr um gut 70 Prozent bis 2025, werden die Kapazitäten der Schiene in diesem Bereich auch dringend benötigt (vgl. Initiative für Innovative Nutzfahrzeuge 2011: 8).

Am 4. März 2011 hat die Allianz pro Schiene eine Pressemitteilung über eine Veranstaltung in Berlin herausgegeben, in der behauptet wird, dass der geplante Feldversuch mit Gigalinern die Lkw-Branche spaltet und ein Großteil der Spediteure und Lkw-Fahrer die Einführung des Gigaliners ablehnt. Dabei wird der Gigaliner als Gefahr für Mittelstand und Arbeitnehmer bezeichnet. Zudem soll der geplante Feldversuch die Verkehrsträger Straße und Schiene gegeneinander ausspielen anstatt sie zu verknüpfen. Dabei wird auf Dänemark und die Niederlande verwiesen, wo der Gigaliner den Einzelwagenverkehr der Schiene bereits komplett verdrängt haben soll. Der schließlich als bahnfeindlich bezeichnete Gigaliner soll darüber hinaus den Steuerzahler belasten, da die Infrastruktur an den Gigaliner angepasst werden müsse (vgl. Allianz pro Schiene 2011b).

Als Reaktion auf diese Pressemitteilung der Allianz pro Schiene gibt der BGL am selben Tag eine Pressemeldung mit einer Gegendarstellung heraus. Dabei wird die Veranstaltung der Allianz pro Schiene zum geplanten Feldversuch kritisiert. Der Großteil der Spediteure und Lkw-Fahrer, die sich ablehnend zur Einführung des Gigaliners geäußert haben sollen, waren laut BGL einzelne Bahnspediteure und Gewerkschaftsvertreter. Weiterhin erwartet der BGL vom geplanten Feldversuch Aufschluss darüber, ob und in welchem Umfang der Gigaliner zur besseren Verknüpfung von Straße und Schiene beitragen kann. Der BGL fordert die Gegner des Gigaliners auf, den Lkw generell als Verbündeten und nicht als existenzbedrohenden Konkurrenten anzusehen, denn der steigende Güterverkehr ist nur durch höhere Effizienz aller Verkehrsträger zu bewältigen. Und dazu werden neue co-modale Konzepte benötigt, besonders im kombinierten Verkehr Straße und Schiene. Abschließend wirft der BGL der Allianz pro Schiene eine Verdrehung von Fakten und unseriöse Interessenpolitik vor (vgl. Bundesverband Güterkraftverkehr Logistik und Entsorgung e.V. 2011b).

Insgesamt bleibt festzuhalten, dass der Güterverkehr in Deutschland und auch Europa in den nächsten Jahren stark zunehmen wird. Die Straße ist der dominierende Verkehrsträger und hat den mit Abstand größten Anteil am Modal Split. Die Verkehrsträger Straße und Schiene arbeiten bezogen auf ihre Infrastruktur bereits heute an ihrer Belastungsgrenze. Die Einführung des Gigaliners würde neue Möglichkeiten eröffnen und wahrscheinlich auch zu einer Verlagerung von der Schiene auf die Straße führen. Über die Stärke dieses Verlagerungseffektes gibt es verschiedene Studien, die zu unterschiedlichen Ergebnisse kommen. Diese Ergebnisse weichen z. T. deutlich voneinander ab. Die Befürworter und Gegner des Gigaliner berufen sich jeweils auf die Statistiken, die ihre Interessen am besten unterstützen. Dabei scheinen die Fronten verhärtet zu sein. Es bleibt abzuwarten, ob die Ergebnisse des aktuell laufenden Feldversuchs zu einer Annäherung von Befürwortern und Gegnern führen können.

3.1.4 Externe Kosten

Die Studie von K+P Transport Consultants in Zusammenarbeit mit dem Fraunhofer-Institut für System- und Innovationsforschung ISI von 2011 (s. Kap. 3.1.3) liefert auch Ergebnisse zu der Entwicklung der externen Kosten bei einer Einführung des Gigaliners. Dabei wurden vor allem die Entwicklungen bei Treibhausgasemissionen, lokaler Luftverschmutzung, Unfällen und Lärm betrachtet. Die Studie kommt zu dem Ergebnis, dass die Gigaliner bis zu 10 Prozent weniger externe Kosten verursachen als konventionelle Lkw. Weiterhin wird prognostiziert, dass der Straßengüterverkehr aufgrund von Sicherheitsverbesserungen und Senkung der CO_2-Emissionen seine externen Kosten bis 2030 um 27 Prozent senken kann. Beim Schienengüterverkehr wird eine Senkung der externen Kosten bis 2030 um 30 Prozent erwartet. Die Studie stellt jedoch auch fest, dass es bei einer uneingeschränkten Einführung des Gigaliners zu Verlagerungseffekten von der Schiene auf die Straße kommt. Aufgrund dieser Verlagerungseffekte sind die externen Kosten bei einer uneingeschränkten Einführung des Gigaliners insgesamt um 2,5 Prozent höher, als sie es ohne eine Einführung des Gigaliners wären. Dadurch werden die zu Beginn eintretenden positiven externen Effekte durch die Modalverschiebung vom Schienengüterverkehr zum Straßengüterverkehr zuerst aufgehoben und schließlich sogar zu negativen externen Effekten umgekehrt. Die Studie kommt somit zu dem Schluss, dass die uneingeschränkte Einführung des Gigaliners, besonders im Hinblick auf die im Weißbuch Verkehr von der EU-Kommission 2011 festgelegten Ziele, problematisch ist (vgl. K+P Transport Consultants 2011b: 88 ff.).

Nach Ansicht der Kampagne No Mega Trucks ist der Gigaliner "umweltschädlich [...] [und] teuer" (No Mega Trucks 2008a). Laut No Mega Trucks wird der Straßengüterverkehr durch die Einführung des Gigaliners um ungefähr 25 Prozent günstiger, so dass es zu Verlagerungen von der Schiene auf die Straße kommt. Dadurch erhöhen sich auch die CO_2-Emissionen. Eine schematische Darstellung soll dabei die Entwicklung der CO_2-Emissionen verdeutlichen (s. Abb. 42). Durch die Einführung des Gigaliner werden die CO_2-Emissionen zuerst reduziert, erhöhen sich jedoch durch die Verlagerung von der Schiene auf die Straße so stark, dass die CO_2-Emissionen mit Beteiligung der Gigaliner im Straßengüterverkehr schließlich höher sind als ohne Beteiligung der Gigaliner. No Mega Trucks verweist bei dieser Darstellung auf eine Studie des

Fraunhofer-Instituts für System- und Innovationsforschung ISI aus dem Jahr 2009, die von der CER in Auftrag gegeben wurde. Die schematische Darstellung der CO2-Emissionen mit Beteiligung der Gigaliner am Straßenverkehr ist korrekt aus der Studie übernommen, jedoch ist die Referenzlinie für die CO2-Emissionen ohne Beteiligung der Gigaliner in dieser Form nicht in der Studie vorhanden. Somit ist die von No Mega Trucks veröffentlichte schematische Darstellung nicht durch die als Quelle angegebene Studie zu belegen (vgl. Fraunhofer-Institut für System- und Innovationsforschung ISI 2009: 93 ff.; No Mega Trucks 2008e).

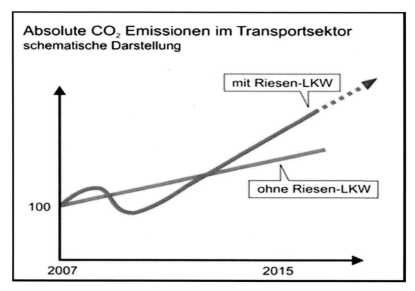

Abb. 42: Absolute CO2-Emissionen im Transportsektor.
Quelle: No Mega Trucks 2008e.

Des Weiteren behauptet No Mega Trucks, dass Gigaliner den Straßenverschleiß beschleunigen und dadurch die Reparaturkosten für Straßenschäden erhöhen werden. Für weitere Informationen verweist No Mega Trucks wieder auf den Bericht der BASt von 2006 (vgl. Kap. 3.1.2). In diesem Bericht wird jedoch festgestellt, dass der Einsatz von Gigalinern zu einer Reduzierung der Straßenbeanspruchung führt und somit zu einer Verringerung der Straßenschäden. Diese Verringerung liegt bei einem Fahrzeug zwischen 20 und 50 Prozent und ist auf die größere Anzahl an Achsen zurückzuführen. Die BASt geht in ihrem Bericht davon aus, dass etwa 30 Prozent der herkömmlichen Lkw durch Gigaliner ersetzt werden und dass dadurch der Zeitpunkt für die Grunderneuerung eines Straßenabschnitts um 1,5 Jahre nach hinten verschoben wird. Dabei gibt die BASt jedoch zu bedenken, dass sich durch den in Zukunft steigenden Güterverkehr auch die Anzahl der Gigaliner erhöhen wird. Die Folge dieser Entwicklung ist, dass Straßenschäden zeitlich zwar früher eintreten, nach abgewickelter Transportleistung jedoch erst später auftreten. Der Bericht der BASt stützt die Aussagen von No

Mega Trucks demnach nicht (vgl. Bundesanstalt für Straßenwesen 2006: 34; No Mega Trucks 2008f).

Die Initiative für Innovative Nutzfahrzeuge hält bei einer deutschlandweiten Zulassung des Gigaliners eine Reduzierung des Lkw-Aufkommens von etwa 8 Prozent bis zum Jahr 2025 für realistisch (s. Abb. 43). Auf viel befahrenen Autobahnen wird die Reduzierung sogar auf bis zu 13 Prozent geschätzt. Dadurch kann die Umwelt durch geringere CO_2-Emissionen entlastet werden. Frühere Feldversuche haben gezeigt, dass durch den Einsatz von Gigalinern Kraftstoffeinsparungen von 15 bis 30 Prozent möglich sind und dementsprechend weniger CO_2-Emissionen die Umwelt belasten. Für die Kraftstoffeinsparungen durch den Einsatz von Gigalinern werden auch zwei konkrete Beispiele gebracht: Ein Pilotversuch in Thüringen lieferte eine jährliche Einsparung von 12.000 Litern Dieselkraftstoff, welche in diesem Fall eine Kraftstoffeinsparung von 18 Prozent bedeutet. Ein einjähriger Feldversuch mit drei Gigalinern in Niedersachsen reduzierte den Kraftstoffverbrauch von 10,22 auf 6,9 Liter pro Tonne, folglich eine Kraftstoffeinsparung von 32 Prozent (vgl. Initiative für Innovative Nutzfahrzeuge 2011: 7, 13).

Abb. 43: Entwicklung der Fahrleistung schwerer Lkw.
Quelle: Initiative für Innovative Nutzfahrzeuge 2011: 7.

Weiterhin führt die Initiative für Innovative Nutzfahrzeuge aus, dass der Einsatz von Gigalinern die Straßeninfrastruktur weniger belastet als der Einsatz herkömmlicher Lkw. Der Grund für die geringere Belastung ist die geringere Achslast des Gigaliners, da sich das Gewicht auf mehr Achsen verteilen kann (s. Abb. 44). Dabei wird auf eine Schätzung der BASt verwiesen, die eine geringere Belastung von 30 Prozent pro Gigaliner annimmt. Als direkte Folge der geringeren Belastung wird eine Kostenersparnis von über 5 Prozent bei der Straßenerhaltung genannt (vgl. Initiative für Innovative Nutzfahrzeuge 2011: 11).

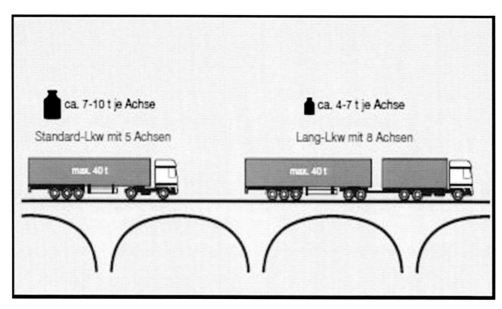

Abb. 44: Reduzierung der Achslast.
Quelle: Initiative für Innovative Nutzfahrzeuge 2011: 11.

Die in Kap. 3.1.2 erwähnte Studie mit dem Namen Wirtschaftlichkeitsanalyse Euro-Combi aus der FAT-Schriftenreihe 212 lieferte auch Ergebnisse zum Einsparpotential bei den Kraftstoffkosten beim Einsatz von Gigalinern. Demnach sind Einsparungen von bis zu 30 Prozent möglich. Das höchste Einsparpotential liegt in der Durchführung von Volumentransporten (vgl. Diederichsmeier et al. 2007: 15).

Auch der VDA hält den Einsatz von Gigalinern für sinnvoll, um den Kraftstoffverbrauch zu reduzieren und das Lkw-Aufkommen im Straßengüterverkehr zu verringern (vgl. Verband der Automobilindustrie e. V. 2012a).

Bei einer Podiumsdiskussion auf der IAA Nutzfahrzeuge am 21. September 2012 berichtete Dr. Kay Lindemann, der Geschäftsführer des VDA, von einer ersten Zwischenbilanz des aktuell laufenden Feldversuchs. Dabei bezifferte er den durch den Einsatz des Gigaliners reduzierten Kraftstoffverbrauch und die entsprechende Verringerung der CO_2-Emissionen auf bis zu 20 Prozent. Zudem erklärte er, dass die Straßenbeanspruchung durch die geringere Achslast um etwa 30 Prozent sinkt. Martin Friewald, Mitarbeiter des Bundesverkehrsministerium, betonte, dass das für den Feldversuch festgelegte zulässige Gesamtgewicht für Gigaliner von maximal 40 Tonnen bzw. 44 Tonnen auch in Zukunft nicht erhöht wird. Bezüglich des Kraftstoffverbrauchs teilte er mit, dass

Speditionen von Einsparungen von bis zu einem Drittel berichtet haben (vgl. Verband der Automobilindustrie e. V. 2012b).

Der bereits in Kap. 3.1.2 herangezogene Bericht der BASt von 2008 befasst sich auch mit den Einsparungen von Treibstoff und Emissionen, die durch den Einsatz von Gigalinern erreicht werden können. Im Ergebnis kommt die BAST zu Kraftstoffeinsparungen von 11 bis 15 Prozent und bezieht sich dabei auf Daten aus Schweden, Finnland, den Niederlanden und Deutschland. Die BASt weist jedoch darauf hin, dass das Einsparpotenzial von verschiedenen Faktoren abhängt, wie z. B. von der Anzahl der eingesetzten Gigaliner, der Länge der Transportstrecken oder der Gewichtsauslastung. Abschließend betont die BASt, dass der Schienengüterverkehr und der Güterverkehr mit dem Binnenschiff immer noch umweltschonender als der Straßengüterverkehr bleiben, selbst wenn dieser durch den Einsatz von Gigalinern seinen Kraftstoffverbrauch und seine CO_2-Emissionen dauerhaft um mehr als 10 Prozent reduzieren kann (vgl. Bundesanstalt für Straßenwesen 2008: 37).

Bei den externen Effekten scheint es insgesamt das geringste Konfliktpotenzial zu geben. Sowohl die Befürworter als auch die Gegner des Gigaliners sehen die Möglichkeiten der Reduzierung von Kraftstoffverbrauch und CO_2-Emissionen. Die Gegner des Gigaliners geben aber zu bedenken, dass es deshalb zu starken Verlagerungseffekten von der Schiene auf die Straße kommen kann und die erzielten Reduzierungen dadurch kompensiert werden können. Bei der Straßenbeanspruchung durch den Gigaliner scheint die Argumentation der Gegner, dass die Einführung des Gigaliners den Straßenverschleiß beschleunigt, nicht plausibel zu sein. Es bleibt festzuhalten, dass das Einsparpotenzial des Gigaliners in Bezug auf Kraftstoffverbrauch und CO_2-Emissionen unstrittig ist, zumindest solange mögliche Verlagerungen von anderen Verkehrsträgern auf die Straße oder Veränderungen im Modal Split nicht in die Betrachtung einbezogen werden.

3.2 Zusammenfassung und Beurteilung der Argumentation

In Kap. 3.1.1 wurde die Akzeptanz von Gigalinern in der deutschen Bevölkerung untersucht. Dabei zeigten die ersten dargestellten Umfragen, dass nur etwa jeder zweite Deutsche den Gigaliner kennt und dass ungefähr drei Viertel der Deutschen einer Einführung des Gigaliners ablehnend gegenüberstehen. Die am Ende des Kapitels betrachteten aktuelleren Umfrageergebnisse zeigen einen Anstieg bei der Bekanntheit des Gigaliners, die Akzeptanz bleibt jedoch unverändert gering. Anhand weiterer Befragungen konnte der Autor herausarbeiten, dass zwei Drittel der deutschen Autofahrer den Güterverkehr generell als problematisch wahrnehmen und ein noch größerer Anteil den prognostizierten Transportzuwachs als Problem ansieht. Eine weitere Zunahme des Lkw-Aufkommens im Verhältnis zum Transportzuwachs wird ebenfalls von einer großen Mehrheit der Autofahrer abgelehnt. Nur jedem zehnten Autofahrer ist das Konzept innovativer Nutzfahrzeuge bekannt, jedoch stehen über die Hälte der deutschen Autofahrer dem Gigaliner spontan ablehnend gegenüber. Diese spontan ablehnende Haltung gegenüber Gigalinern ist teilweise auf negative Erfahrungen der Autofahrer mit Lkw zurückzuführen. Bei Personen, die beruflich mit Nutzfahrzeugen zu tun haben, ist die Akzeptanz von Gigalinern erwartunggemäß deutlich höher. Bei einer Befragung auf der IAA 2006 standen ca. drei Viertel der Befragten einer möglichen Einführung des Gigaliners positiv gegenüber. Die überwiegend negative Meinung der Autofahrer zum Gigaliner lässt auf eine gewisse Unsicherheit schließen, da die meisten Autofahrer auch noch keine Erfahrungen mit dem Gigaliner gemacht haben. In der Vergangenheit erlebte negative Erfahrungen mit Lkw tragen auch zu einem grundsätzlich negativen Meinungsbild von Autofahrern zum Gigaliner bei.

Die möglichen Auswirkungen einer Einführung des Gigaliners auf die Verkehrssicherheit in Deutschland wurden in Kap. 3.1.2 überprüft. Die Gegner des Gigaliners stufen vor allem dessen Gewicht und Länge als Risiko ein. Konkret werden schwerwiegendere Unfallfolgen oder ein längerer Überholweg genannt. Auch Probleme mit der Infrastruktur werden angeführt, wie z. B. zu wenige und zu kleine Lkw-Stellflächen oder die nicht ausreichenden Sicherheitsvorkehrungen in Tunneln bei einem Tunnelbrand. Zudem wird anhand von Studien argumentiert, dass Gigaliner nicht in der Lage sind Verkehrsanlagen ordnungsgemäß und sicher zu befahren. Neuere Studien kommen jedoch zu dem Ergebnis, dass der Gigaliner in den letzten Jahren besonders im Bereich der Fahrzeugtechnik weiterentwickelt wurde und sich dadurch die Fahreigenschaften deutlich verbessert haben. Somit ist ein ordnungsgemäßes und sicheres Befahren von Verkehrsanlagen prinzipiell möglich. Der längere Überholweg beim Überholen eines Gigaliners ist nicht wegzudiskutieren, jedoch kann man aus dieser Tatsache nicht direkt auf ein erhöhtes Unfallrisiko schließen. Zudem sind die Anforderungen an die Sicherheitstechnik und die Fahrer der Gigaliner sehr hoch. Die Befürworter des Gigaliners weisen darauf hin, dass durch Einsatz von Gigalinern der Straßenbedarf reduziert und das Lkw-Aufkommen verringert wird. Dadurch sinkt auch das allgemeine Unfallrisiko. Ohnehin liegen bisher kaum Daten über Unfälle mit Beteiligung von Gigalinern in Deutschland vor. Jedoch kann man nicht sagen, dass die Folgen eines Unfalls mit Beteiligung eines Gigaliners grundsätzlich schwerwiegender sind als die Folgen eines Unfalls mit Beteiligung eines herkömmlichen Lkw. Weiterhin kamen verschiedene Studien und Modellversuche zu dem Ergebnis, dass durch den Einsatz von Gigalinern keine negativen Auswirkungen auf den Verkehrsfluss und den Verkehrsablauf zu erwarten sind. Ein erhöhtes Unfallrisiko ist demnach auch nicht zu erwarten. Eine abschließende Beurteilung des Unfallrisikos durch den Einsatz von Gigalinern sollte erst nach Auswertung des aktuell laufenden Feldversuchs erfolgen.

In Kap. 3.1.3 wurden mögliche Veränderungen des Modal Split untersucht. Dabei wurde festgestellt, dass der Güterverkehr in Deutschland und Europa in den nächsten Jahren zunehmen wird. Der Anteil des Straßengüterverkehrs am Modal Split in Deutschland liegt bei ungefähr 70 Prozent und wird in den nächsten Jahren voraussichtlich leicht ansteigen. Die Gegner des Gigaliners argumentieren, dass eine Einführung des Gigaliners den Anteil des Straßengüterverkehrs am Modal Split noch weiter vergrößern wird. Dabei beziehen sie sich auf verschiedene Studien, die diese Argumentation stützen. Diese Studien kommen zu dem Ergebnis, dass der Straßengüterverkehr durch die Einführung des Gigaliners seine Kosten reduzieren kann und es dadurch zu starken Verlagerungen vom Schienengüterverkehr auf den Straßengüterverkehr kommt. Es wird sogar ein vollkommener oder partieller Zusammenbruch des Einzelwagenverkehrs für möglich gehalten. Allerdings wurden alle diese Studien von Interessenverbänden des Schienengüterverkehrs in Auftrag gegeben. Die Befürworter des Gigaliners verweisen dagegen auf den steigenden Güterverkehr und dass dieser ohne neue Konzepte nicht ohne Weiteres zu bewältigen ist, da sowohl der Straßen- als auch der Schienengüterverkehr bereits an ihrer Belastungsgrenze arbeiten. Dafür fordern sie eine Stärkenoptimierung und bessere Vernetzung aller Verkehrsträger, wovon schließlich auch der Schienengüterverkehr profitieren würde. Zudem beziehen sie sich auf eine Studie, die eine maximale Verlagerung von der Schiene auf die Straße durch eine Einführung des Gigaliners auf 2 bis 5 Prozent beziffert. Insgesamt bleibt festzuhalten, dass die Einführung des Gigaliners wahrscheinlich zu Verlagerungen vom Schienengüterverkehr auf den Straßengüterverkehr führen wird. Diese Verlagerungen werden aber vermutlich nicht so stark sein, wie es die Gegner des Gigaliners prognostizieren. Die

Befürworter des Gigaliners erwarten dagegen, dass durch den allgemein steigenden Güterverkehr in Verbindung mit der Einführung des Gigaliners schließlich alle Verkehrsträger profitieren können. Gerade im kombinierten Verkehr sehen sie dabei Effizienzsteigerungen, die sich auch auf den Schienengüterverkehr und den Güterverkehr mit dem Binnenschiff positiv auswirken können.

Bei der Betrachtung der möglichen Auswirkungen einer Einführung des Gigaliners auf die externen Kosten in Kap. 3.1.4 wurde festgestellt, dass sowohl die Befürworter als auch die Gegner des Gigaliners von einer Verringerung des Kraftstoffverbrauchs und der Schadstoffemissionen ausgehen. Die Gegner des Gigaliners relativieren diesen positiven Effekt jedoch, indem sie auf die durch die Einführung des Gigaliners bedingten Verlagerungseffekte von der Schiene auf die Straße verweisen. Dabei argumentieren sie, dass das durch die Verlagerungen steigende Lkw-Aufkommen diesen positiven Effekt auf Kraftstoffverbrauch und Schadstoffemissionen kompensiert und eventuell sogar umkehrt. Die Befürworter beziehen sich bei ihrer Argumentation auf verschiedene Studien und Ergebnisse bisheriger Feldversuche. Dabei wurden mögliche Einsparungen beim Kraftstoffverbrauch von vereinzelt 30 Prozent festgestellt. Dauerhaft werden dabei Einsparungen von 10 bis 15 Prozent erwartet. Die Schadstoffemissionen verringern sich dabei entsprechend der Kraftstoffeinsparungen. Weiterhin wurde die durch die Einführung des Gigaliners möglicherweise erhöhte Straßenbeanspruchung untersucht. Die Gegner des Gigaliners erwarten eine erhöhte Straßenbeanspruchung und infolgedessen einen beschleunigten Straßenverschleiß und höhere Reparaturkosten. Studien belegen jedoch, dass der Gigaliner aufgrund seiner geringeren Achslast die Straßen weniger beansprucht als konventionelle Lkw. Eine höhere Straßenbeanspruchung ist in Zukunft lediglich auf den allgemein steigenden Güterverkehr zurückzuführen. Im aktuell laufenden Feldversuch gilt das maximal zulässige Gesamtgewicht von 40 Tonnen bzw. 44 Tonnen auch für Gigaliner und soll auch bei einer möglichen Einführung des Gigaliners in Deutschland weiterhin gelten. Dadurch beansprucht ein einzelner Gigaliner die Straße aufgrund der höheren Anzahl an Achsen weniger als ein herkömmlicher Lkw.

4 Gigaliner in Europa

Wenn man den Gigaliner im europäischen Vergleich betrachtet, muss man vor allem Skandinavien und die Niederlande betrachten. Dort werden schon länger Erfahrungen mit dem Gigaliner gesammelt als in Deutschland. In Schweden und Finnland sind Gigaliner schon seit Jahren zugelassen, die Niederlande haben den Gigaliner 2011 auf ihrem Straßennetz generell zugelassen (vgl. Institutet för transportforskning 2002: 2; VerkehrsRundschau 2011).

Anders Lundqvist von der schwedischen Straßenverkehrsbehörde berichtet, dass 1964 die Hälfte der schwedischen Lkw länger als 20 Meter waren. Es waren damals bis zu 32 Meter lange Fahrzeuge im Einsatz. Die Maximallänge wurde 1968 auf 24 Meter beschränkt, da sich bei dieser Länge die Möglichkeit ergibt drei 20-Fuß-Container zu transportieren (vgl. Kienzler; Bitter 2006: 24).

Die Technische Universität Dresden stellt die historische Entwicklung des Gigaliners in Schweden in einem Diskussionsbeitrag ausführlicher dar. Demnach existierte bis 1968 keine Beschränkung für die maximale Länge von Lkw. Dann erfolgte die bereits erwähnte Beschränkung auf eine maximale Länge von 24 Metern, die 1996 auf 25,25 Meter ausgeweitet wurde. Diese Erhöhung ist auf den Beitritt Schwedens und Finnlands zur EU im Jahr 1995 und die deshalb erlassene EU-Richtlinie 96/53/EG zurückzuführen (vgl. Kap. 2.2). Das zulässige Gesamtgewicht betrug bis 1968 maximal 37 Tonnen und wurde 1996 auf 60 Tonnen angehoben. Bisher wurden in Schweden keine negativen Auswirkungen auf die Verkehrssicherheit oder die Infrastruktur festgestellt. Dabei ist jedoch anzumerken, dass Schweden seit 1988 kontinuierlich in die Infrastruktur investiert, damit diese den Gigalinern standhalten kann. Der Gigaliner ist bis auf wenige Ausnahmen auf allen öffentlichen Straßen Schwedens zugelassen und dabei werden mehr als die Hälfte aller Güter von Gigalinern transportiert. Zudem konnte noch kein Unfall in Schweden auf eine größere Fahrzeuglänge zurückgeführt werden und eine Veränderung des Modal Split ist nicht erkennbar. Der Grund für den unveränderten Modal Split könnten jedoch auch die gegenüber Deutschland geringeren Trassenpreise sowie die gleichzeitige Erhöhung der Achslast von Eisenbahnwaggons sein (vgl. Geller et al. 2012: 19; Göpfert; Braun 2008: 48).

Eine schwedische Studie hat berechnet, welche Auswirkungen eine Reduzierung der Länge und des Gewichtes schwedischer Lkw auf den europäischen Standard von 18,75 Metern und 40 Tonnen hätte. Im Ergebnis würde das Lkw-Aufkommen in Schweden um 16 Prozent steigen und die Schadstoffemissionen würden um 21 Prozent zunehmen (vgl. Ramberg 2004: 4).

In Dänemark hat ein mehrjähriger Feldversuch mit Gigalinern durchweg positive Ergebnisse geliefert. Zudem ist die Akzeptanz von Gigalinern in der Bevölkerung groß. Der dänische Verkehrsminister Henrik Dam Kristensen spricht dabei von einer möglichen Verringerung der CO2-Emissionen von bis zu 15 Prozent. Zudem habe der dänische Feldversuch gezeigt, dass der Gigaliner zu Einsparungen von 0,40 Euro pro Tonnenkilometer führen kann. Während des Feldversuchs wurden weniger Unfälle mit Beteiligung von Gigalinern registriert als mit Beteiligung herkömmlicher Lkw. Somit hat sich ein erhöhtes Unfallrisiko durch Gigaliner in Dänemark nicht bestätigt, wodurch auch die Akzeptanz von Gigalinern in der Bevölkerung gestiegen ist (vgl. Initiative für Innovative Nutzfahrzeuge 2011: 13; VerkehrsRundschau 2012).

Im Dezember 2001 startete in den Niederlanden der erste Feldversuch an dem vier Unternehmen teilgenommen haben. Die Länge der Gigaliner war dabei auf 25,25 Meter beschränkt und das zulässige Gesamtgewicht durfte 60 Tonnen nicht überschreiten. Der Feldversuch endete nach eineinhalb Jahren im Jahr 2003. Die Auswertung des Feldversuchs lieferte überwiegend positive Ergebnisse, so dass ab August 2004 ein zweiter Feldversuch durchgeführt wurde, an dem zu Beginn 66 Unternehmen mit 100 Gigalinern teilnahmen. Bis zum Ende des Feldversuchs im November 2006 erhöhte sich die Zahl auf 76 Unternehmen mit 162 Gigalinern. Die Teilnehmer des zweiten Feldversuchs durften nach Ende des Versuchs weiterhin mit ihren Gigalinern am Straßenverkehr teilnehmen, jedoch wurden keine weiteren Gigaliner zugelassen. Der dritte Feldversuch startete im November 2007 und sollte vor allem Erkenntnisse darüber liefern, wie sich die steigende Zahl an Gigalinern auf die Verkehrssicherheit, das Verkehrsmanagement und den Modal Split auswirkt. Dabei gab es keine Beschränkungen bei der Anzahl der teilnehmenden Gigaliner. Im Juli 2010 nahmen bereits 153 Unternehmen mit 397 Gigalinern an diesem Versuch teil, der eigentlich bis November 2012 fortgeführt werden sollte. Jedoch haben sich die Niederlande bereits im Mai 2011 dazu entschieden, den Gigaliner generell zuzulassen. Zu diesem Zeitpunkt waren im Rahmen des dritten Feldversuchs bereits rund 600 Gigaliner in den Niederlanden unterwegs (vgl. Geller et al. 2012: 20; Ministry of Infrastructure and Environment 2011: 9; VerkehrsRundschau 2011).

Zwischen 2007 und 2010 wurden von den am Feldversuch teilnehmenden Unternehmen 35 Unfälle mit Beteiligung von Gigalinern gemeldet, von denen 19 von der Polizei aufgenommen wurden. Dabei gab es nur einen Unfall mit leichtem Personenschaden, bei den anderen Unfällen kam es lediglich zu Sachschäden. Die Gründe für diese geringen Unfallzahlen könnten in den Anforderungen an die Fahrer und die Fahrzeuge liegen. Die Fahrer der Gigaliner müssen eine Zusatzausbildung absolvieren, für die Gigaliner gilt ein generelles Überholverbot, ein Fahrverbot bei schlechtem Wetter und in Innenstädten sowie ein Verbot Bahnlinien zu überqueren. In einer niederländischen Studie von 2011 wird eine Reduzierung des Kraftstoffverbrauchs von bis zu 33 Prozent und eine Verringerung der Schadstoffemissionen von 2 bis 6 Prozent erwartet. Eine Veränderung des Modal Split war in den Niederlanden nicht festzustellen. Dies könnte allerdings auf die geografischen Restriktionen zurückzuführen sein (vgl. Directorate General for Public Works and Water Management – Traffic and Shipping Department 2011: 11 f.; Geller et al. 2012: 20 f.; Ministry of Infrastructure and Environment 2011: 9; VerkehrsRundschau 2011).

Bei der Bewertung der Ergebnisse aus anderen europäischen Ländern muss man jedoch berücksichtigen, dass man diese nicht einfach auf Deutschland übertragen kann. Schweden hat z. B. eine viel geringere Bevölkerungsdichte als Deutschland und der Lkw-Verkehr über große Distanzen ist in Schweden stärker ausgeprägt. Die Niederlande haben dagegen eine höhere Bevölkerungsdichte als Deutschland und die Transportdistanzen sind aufgrund der viel kleineren Fläche der Niederlanden im Regelfall kürzer. Dennoch kann man sowohl in Schweden als auch in Dänemark und den Niederlanden geringe Unfallzahlen sowie Kraftstoffeinsparungen und Verringerungen der Schadstoffemissionen feststellen. Diese Tendenz zeichnet sich auch in den bisherigen Feldversuchen mit Gigalinern in Deutschland ab.

5 Zusammenfassung und Ausblick

Positiv sind die Erfahrungen mit dem Gigaliner in anderen europäischen Ländern zu werten. Wie der Autor in Kap. 4 herausgearbeitet hat, wurden in Schweden, Dänemark und den Niederlanden deutliche Einsparungen beim Kraftstoffverbrauch und Verringerungen der Schadstoffemissionen festgestellt. Auch das Unfallrisiko hat sich durch den Einsatz von Gigalinern nicht erhöht. Bisher konnte kein Unfall mit Lkw-Beteiligung auf eine Erhöhung der Fahrzeuglänge zurückgeführt werden und auch die Anzahl an Lkw-Unfällen hat sich nicht signifikant erhöht. Der Einsatz von Gigalinern hatte auch keine bedeutenden Auswirkungen auf den Modal Split.

Als problematisch sieht der Autor die Einstellung der Gegner des Gigaliners zu einer möglichen Einführung des Gigaliners in Deutschland und Europa an. Besonders bei der Allianz pro Schiene und der Kampagne No Mega Trucks lässt sich überhaupt keine Kompromissbereitschaft feststellen. Herr XY, Mitarbeiter der Allianz pro Schiene und Koordinator der Kampagne No Mega Trucks, sieht seiner Aussage nach keine Vorteile bei einer Einführung des Gigaliners. Zum aktuell laufenden Feldversuch sagt er, dass dieser nicht ergebnisoffen sei und nur als Rechtfertigung für eine allgemeine Zulassung des Gigaliners diene. Auf dieser Grundlage ist eine konstruktive Diskussion zum Gigaliner nicht möglich (vgl. Herr XY 2012). Die vollständige Auskunft ist dieser Studie in Anlage 2 beigefügt. Dieses Verhalten entspricht der von Fuchs verwendeten Definition von opportunistischem Verhalten (vgl. Fuchs 2008: 70).

Bisherige Feldversuche in Deutschland haben bereits positive Effekte beim Kraftstoffverbrauch und bei den Schadstoffemissionen nachgewiesen. Die Auswertung der Daten des aktuell laufenden Feldversuchs muss diese Ergebnisse jetzt für den großflächigen Einsatz des Gigaliners bestätigen. Die Auswirkungen auf den Modal Split sind bisher noch nicht abzusehen. Der Feldversuch könnte auch dafür wichtige Erkenntnisse liefern. Durch die Ergebnisse des Feldversuchs können auch Rückschlüsse auf die Auswirkungen des Einsatzes von Gigalinern auf die Verkehrssicherheit, besonders auf die mögliche Erhöhung des Unfallrisikos, gezogen werden. Positive Ergebnisse im Bereich der Verkehrssicherheit könnten, wie das Beispiel Dänemark zeigt, die Akzeptanz des Gigaliners in der Bevölkerung erhöhen. Ein positiv verlaufender Feldversuch könnte somit die Grundlage für eine spätere generelle Zulassung des Gigaliners zum Straßenverkehr in Deutschland bilden.

Damit vertritt der Autor eine ähnliche Ansicht wie der BGL, der als Mitglied der Initiative für Innovative Nutzfahrzeuge zu den Befürwortern des Gigaliners zu zählen ist. In einer Pressemeldung vom 10. November 2011 hat der BGL auf die Wichtigkeit eines unvoreingenommenen und ergebnisoffenen Feldversuchs hingewiesen, in dem der Gigaliner bestätigen muss, dass er auch in Bezug auf die Verkehrssicherheit, die logistischen Anforderungen und der infrastrukturellen Gegebenheiten eine nachhaltige Lösung ist (vgl. Bundesverband Güterkraftverkehr Logistik und Entsorgung e.V. 2011e).

Quellenverzeichnis

Allgemeiner Deutscher Automobil-Club e. V. (2012): Feldversuch mit modularen Nutzfahrzeugsystemen. URL: http://www.adac.de/_mmm/pdf/sp_modulare_nutzfahrzeuge-_1201_108882.pdf [Stand: 28.12.2012].

Allianz pro Schiene (2011a): Aktuelle forsa-Umfrage zeigt breite Ablehnung des geplanten Tests mit Riesen-Lkw. URL: http://www.allianz-pro-schiene.de/D1411 [Stand: 28.12.2012].

Allianz pro Schiene (2011b): Gigaliner spaltet die Lkw-Branche; Spediteure und Fahrer wollen keine Riesen-Lkw. URL: http://www.allianz-pro-schiene.de/presse/pressemitteilungen/2011/010-spediteure-und-fahrer-wollen-keine-gigaliner/ [Stand: 28.12.2012].

Budi, V.; Sales, L. (2009): Logistic Chain Election: Economic and Legal Reasons. In: Blecker, T.; Kersten, W.; Meyer, M. (Hrsg.): Operations and Technology Management. Volume 12: High-Performance Logistics; Methods and Technologies. Berlin: Erich Schmidt, 41-51.

Bundesanstalt für Straßenwesen (2006): Auswirkungen von neuen Fahrzeugkonzepten auf die Infrastruktur des Bundesfernstraßennetzes. URL: http://www.bast.de/cln_030/nn_42642/DE/Publikationen/Download-Berichte/downloads/60-tonner-lang,templateId=raw,property=publicationFile.pdf/60-tonner-lang.pdf [Stand: 28.12.2012].

Bundesanstalt für Straßenwesen (2008): Auswirkungen von neuen Fahrzeugkonzepten. URL: http://www.bast.de/cln_030/nn_42642/DE/Publikationen/Download-Berichte/downloads/V1-Neue-Fahrzeugkonzepte,templateId=raw,property=publicationFile.pdf/-V1-Neue-Fahrzeugkonzepte.pdf [Stand: 28.12.2012].

Bundesanstalt für Straßenwesen (2012a): Feldversuch Lang-Lkw. URL: http://www.bast.de/cln_030/nn_42742/DE/Aufgaben/abteilung-v/referat-v1/lang-lkw/lang-lkw.html [Stand: 28.12.2012].

Bundesanstalt für Straßenwesen (2012b): Mögliche Fahrzeuge und Fahrzeugkombinationen mit Überlänge. URL: http://www.bast.de/cln_030/nn_42742/DE/Aufgaben/abteilung-v/referat-v1/lang-lkw/lang-lkw-kombinationen.html [Stand: 28.12.2012].

Bundesanstalt für Straßenwesen (2012c): BASt aktuell; Informationen aus der Bundesanstalt für Straßenwesen. Ausgabe 1/2012. URL: http://www.bast.de/cln_030/nn_-957200/DE/ Publikationen/BASt-aktuell/Downloads/BASt-aktuell-2012-01,templateId-=raw,property=publicationFile.pdf/BASt-aktuell-2012-01.pdf [Stand: 28.12.2012].

Bundesministerium für Verkehr, Bau und Stadtentwicklung (2011a): Ausnahmeverordnung tritt zum 1.1.2012 in Kraft. URL: http://www.bmvbs.de/SharedDocs/DE/Pressemitteilungen/2011/273-scheuer-langlkw.html [Stand: 28.12.2012].

Bundesministerium für Verkehr, Bau und Stadtentwicklung (2011b): Fragen und Antworten zum Feldversuch Lang-Lkw. URL: http://www.bmvbs.de/SharedDocs/DE/Artikel/StB-LA/lang-lkw-fragen-und-antworten.html [Stand: 28.12.2012].

Bundesministerium für Verkehr, Bau und Stadtentwicklung (2011c): Feldversuch Lang-LKW. URL: http://www.bmvbs.de/SharedDocs/DE/Artikel/StB-LA/lang-lkw-feldversuch.html [Stand: 28.12.2012].

Bundesministerium für Verkehr, Bau und Stadtentwicklung (2012): Lang Lkw-Feldversuch bekommt neue Strecken. URL: http://www.bmvbs.de/SharedDocs/DE/Pressemitteilungen/2012/145-ramsauer-lang-lkw-strecken.html [Stand: 28.12.2012].

Bundesverband der Deutschen Industrie e.V. (2005): Das innovative Nutzfahrzeugkonzept; BDI-Position zur Diskussion über flexiblere Längen- und Gewichtsvorgaben im Lkw-Verkehr. URL: http://www.euro-combi.de/dwl/BDI-Stellungnahme.pdf [Stand: 28.12.2012].

Bundesverband der Deutschen Industrie e.V. (2010): Innovative Nutzfahrzeuge. URL: http://www.bdi.eu/Innovative-Nutzfahrzeuge_Megaliner.htm [Stand: 28.12.2012].

Bundesverband des Deutschen Groß- und Außenhandels e.V. (2006a): Das Europäische Modulare System. URL:http://www.euro-combi.de/index.php [Stand: 28.12.2012].

Bundesverband des Deutschen Groß- und Außenhandels e.V. (2006b): BGA-Position; Das Europäische Modulare System. Nr. 3 / 2006. URL: http://www.euro-combi.de/dwl/BGA-Positionspapier_60-Tonnen-Lkw.pdf [Stand: 28.12.2012].

Bundesverband Güterkraftverkehr Logistik und Entsorgung e.V. (2011a): Lang-Lkw: Transportbehälter müssen problemlos zwischen den Verkehrsträgern umsteigen können; BGL begrüßt Feldversuch. URL: http://www.bgl-ev.de/web/presse/archiv_detail.htm&news=2011DA25012011165820.NEW&newsyear=2011 [Stand: 28.12.2012].

Bundesverband Güterkraftverkehr Logistik und Entsorgung e.V. (2011b): Feldversuch zu Lang-Lkw spaltet keineswegs die Transport- und Logistikbranche. Neue Fahrzeugkonzepte sollen effizienteren Transportketten zur Verknüpfung der Verkehrsträger dienen. URL: http://www.bgl-ev.de/web/presse/archiv_detail.htm&news=2011DA040320-11162302.NEW&newsyear=2011 Stand: 28.12.2012].

Bundesverband Güterkraftverkehr Logistik und Entsorgung e.V. (2011c): ADAC und BGL einig bei Lang-Lkw: Mit maßvoller Verlängerung für mehr Effizienz; Verkehrssicherheit muss im Zentrum des Feldversuchs stehen. URL: http://www.bgl-ev.de/web/-presse/archiv_detail.htm&news=2011DA07072011095045.NEW&newsyear=2011 [Stand: 28.12.2012].

Bundesverband Güterkraftverkehr Logistik und Entsorgung e.V. (2011d): BGL zur Kritik am Lang-Lkw-Feldversuch: So viel Unkenntnis war nie!; BGL fordert Sachlichkeit statt Fehlinformation und Polemik. URL: http://www.bgl-ev.de/web/presse/archiv_detail.-htm&news=2011DA07102011141925.NEW&newsyear=2011 [Stand: 28.12.2012].

Bundesverband Güterkraftverkehr Logistik und Entsorgung e.V. (2011e): BGL begrüßt Entscheidung des Bundeskabinetts zur Erprobung von Lang-Lkw. URL: http://www.bgl-ev.de/web/presse/archiv_detail.htm&news=2011DA10112011092630.NEW&newsyear=2011 [Stand: 28.12.2012].

Bundesverband Güterkraftverkehr Logistik und Entsorgung e.V. (2011f): Gemeinsame Position von ADAC und BGL zur Diskussion um modulare Nutzfahrzeugsysteme. URL: http://www.bgl-ev.de/daten/news/2011/POSITIONSPAPIER_ADAC-BGL.PDF [Stand: 28.12.2012].

Bundesverband Güterkraftverkehr Logistik und Entsorgung e.V. (2011g): BGL-Position "Richtlinie 96/53/EG". URL: http://www.bgl-ev.de/daten/news/2011/BGL-POSITIONSPAPIER.PDF [Stand: 28.12.2012].

Deutsche Logistik-Zeitung (2011): Positivnetz Feldversuch Lang-LKW. URL: http://www.dvz.de/fileadmin/user_upload/downloads/Redaktion/Feldversuch_Karte_neu_161111.pdf [Stand: 16.11.2011].

Diederichsmeier, S.; Küssner, G.; Langer, D.; Laschke, C. (2007): Innovative Nutzfahrzeugkonzepte; Wirtschaftlichkeitsanalyse EuroCombi. FAT-Schriftenreihe 212. Frankfurt am Main: FAT.

Directorate General for Public Works and Water Management – Traffic and Shipping Department (2011): Longer and Heavier Vehicles in practise; Economic, logistical and social effects. URL: http://www.modularsystem.eu/download/facts_and_figures/3839282_longer_and_heavier_vehicles_in_prakt.pdf [Stand: 28.12.2012].

Ernst, H. (2008): Die Zahlungsbereitschaft für Value-Added-Services im Güterverkehr; Dargestellt am Straßengüterverkehr in Deutschland. In: Hartwig, K.-H. (Hrsg.): Beiträge aus dem Institut für Verkehrswissenschaft an der Universität Münster. Heft 159, Göttingen: Vandenhoeck & Ruprecht.

EMS Informal Platform Group (2009): What is EMS?. URL: http://www.modularsystem.eu/en/what_is_ems-/ [Stand: 28.12.2012].

Fahrzeugwerk Bernard Krone GmbH (2012): Die Nutzfahrzeugkombi der Zukunft. URL: http://www.krone-trailer.com/produkte/zukunftsprojekte/lang-lkw/ [Stand: 28.12.2012].

forsa (2011): Meinungen zu Gigalinern. URL: http://www.allianz-pro-schiene.de/presse/pressemitteilungen/2011/014-umfrage-77-prozent-der-deutschen-gegen-gigaliner-/umfrage-gigaliner-forsa-2011.pdf [Stand: 28.12.2012].

Fraunhofer-Institut für System- und Innovationsforschung ISI (2009): Long-Term Climate Impacts of the Introduction of Mega-Trucks. URL: http://www.cer.be/media/090512_cer_study_megatrucks.pdf [Stand: 28.12.2012].

Fuchs, B. (2008): Vergleichende Analyse der Wirtschaftsethikkonzeptionen von Homann und Ulrich. In: Gössinger, R. (Hrsg.): Diskussionsbeiträge zum Produktions- und Logistikmanagement. Nr. 2: Beiträge zum siebten Dienstleistungskolloquium am 19.10.2007 an der Universität Dortmund. Dortmund: Technische Universität Dortmund, 69-95.

Geller, K.; Evangelinos, C.; Hesse, C.; Püschel, R.; Obermeyer, A. (2012): Diskussionsbeiträge aus dem Institut für Wirtschaft und Verkehr Nr. 1/2012; Potentiale und Wirkungen des EuroCombi in Deutschland. URL: http://www.tu-dresden.de/die_tu_dresden/fakultaeten/vkw/iwv/diskuss/2012_1_diskbtrg_iwv.pdf [Stand: 28.12.2012].

Göpfert, I.; Braun, D. (2008) (Hrsg.): Internationale Logistik; in und zwischen unterschiedlichen Weltregionen. Wiesbaden: Gabler.

Initiative für Innovative Nutzfahrzeuge (2011): Faktenpapier zum Feldversuch mit dem Lang-Lkw. URL: http://www.bdi.eu/download_content/InfrastrukturUndLogistik/Faktenpapier_zum_Feldversuch_Lang-Lkw.PDF [Stand: 28.12.2012].

Institutet för transportforskning (2002): Improved Performance of European Long Haulage Transport. URL: http://www.euro-combi.de/dwl/study-sweden-2002.pdf [Stand: 28.12.2012].

K+P Transport Consultants (2006): Verkehrswirtschaftliche Auswirkungen von innovativen Nutzfahrzeugkonzepten. URL: http://www.kp-transport-consultants.com/downloads/studie.pdf [Stand: 28.12.2012].

K+P Transport Consultants (2011a): Studie zu Auswirkungen von Lang-LKW auf den Kombinierten Verkehr und den Einzelwagen-Schienengüterverkehr; Kurzfassung. URL: http://www.uirr.com/en/component/downloads/downloads/824.html [Stand: 28.12.2012].

K+P Transport Consultants (2011b): Study on the Effects of the Introduction of LHVs on Combined Road-Rail Transport and Single Wagonload Rail Freight Traffic. URL: http://www.uirr.com/en/component/downloads/downloads/826.html [Stand: 28.12.2012].

Kienzler, H.-P.; Bitter, S. (2006): Innovative Nutzfahrzeugkonzepte; Gesamtwirtschaftliche Effekte durch Einführung schwerer und langer Lkw. FAT-Schriftenreihe 204. Frankfurt am Main: FAT.

Ministry of Infrastructure and Environment (2011): Monitoring Traffic Safety; Longer and heavier vehicles. URL:http://www.government.nl/files/documents-and-publications/reports/2012/03/09/monotoring-traffic-safety-longer-and-heavier-vehicles/monitoring-traffic-safety-longer-and-heavier-vehicles.pdf [Stand: 28.12.2012].

No Mega Trucks (2008a): Warum sind Riesen-Lkw gefährlich; Gefährlich, umweltschädlich, teuer. URL: http://www.nomegatrucks.eu/deu/fakten/warum-sind-monstertrucks-gefaehrlich/ [Stand: 28.12.2012].

No Mega Trucks (2008b): Die Initiatoren; Wer steht dahinter. URL: http://www.nomegatrucks.eu/deu/ueber-die-kampagne/initiatoren/[Stand: 28.12.2012].

No Mega Trucks (2008c): Keine Riesen-Lkw in Europa!. URL: http://www.nomegatrucks.eu/deu/ [Stand: 28.12.2012].

No Mega Trucks (2008d): Verkehrssicherheit; Sicherheitsrisiko im Straßenverkehr. URL: http://www.nomegatrucks.eu/deu/fakten/warum-sind-monstertrucks-gefaehrlich/-sicherheit/ [Stand: 28.12.2012].

No Mega Trucks (2008e): Umwelt; Mehr Umweltbelastungen durch mehr Lkw-Verkehr. URL: http://www.nomegatrucks.eu/deu/fakten/warum-sind-monstertrucks-gefaehrlich/-umwelt/ [Stand: 28.12.2012].

No Mega Trucks (2008f): Infrastruktur; Zu groß und zu schwer für Straßen und Brücken. URL: http://www.nomegatrucks.eu/deu/fakten/warum-sind-monstertrucks-gefaehrlich/infrastruktur/ [Stand: 28.12.2012].

No Mega Trucks (2012a): Glossar; Übergroße LKW mit vielen Namen. URL: http://www.nomegatrucks.eu/deu/service/glossar/ [Stand: 28.12.2012].

No Mega Trucks (2012b): Langere en Zwaardere Vrachtautocombinatie. URL: http://www.nomegatrucks.eu/deu/service/glossar/langere-en-zwaardere-vrachtautocombinatie/ [Stand: 28.12.2012].

Ramberg, K. (2004): Fewer Trucks Improve the Environment; Three Short Become Two Long, if the EU Follows the Example Set by Sweden and Finland. URL: http://www.euro-combi.de/dwl/study-sweden-oct-2004.pdf [Stand: 28.12.2012].

Herr XY (2012): Mitarbeiter der Allianz pro Schiene und Koordinator der Kampagne No Mega Trucks. Schriftliche Auskunft vom 14.12.2012.

Schulze, C.; Schlag, B.; Schade J. (2007): Innovative Nutzfahrzeugkonzepte; Akzeptanzuntersuchungen zur Einführung und zum Einsatz Innovativer Nfz. FAT-Schriftenreihe 209. Frankfurt am Main: FAT.

Seidelmann, C.; Frindik, R. (2006): Innovative Nutzfahrzeugkonzepte; Technische Kompatibilität von innovativen Nutzfahrzeugkonzepten mit dem Kombinierten Verkehr Straße/Schiene sowie dem Containerverkehr. FAT-Schriftenreihe 205. Frankfurt am Main: FAT.

Statista (2007a): Umfrage; Einstellung zur Zulassung von Gigalinern in Deutschland. URL: http://de.statista.com/statistik/daten/studie/150898/umfrage/einstellung-zur-zulassung-von-gigalinern-in-2007-in-deutschland/ [Stand: 28.12.2012].

Statista (2007b): Umfrage; Bekanntheit des Gigaliners in Deutschland. URL: http://de.statista.com/statistik/daten/studie/150880/umfrage/bekanntheit-der-gigaliner-im-jahr-2007-in-deutschland/[Stand: 28.12.2012].

Statista (2007c): Umfrage; Argumente für die Zulassung von Gigalinern. URL: http://de.statista.com/statistik/daten/studie/150912/umfrage/argumente-fuer-und-gegen-die-zulassung-von-gigalinern-in-deutschland/ [Stand: 28.12.2012].

Statista (2010): Umfrage; Meinung von Pkw-Nutzern in Deutschland zum Thema Gigaliner. URL: http://de.statista.com/statistik/daten/studie/169504/umfrage/meinung-von-pkw-nutzern-zum-thema-gigaliner/ [Stand: 28.12.2012].

TMDB GmbH (2010): Markeneintragung Eurocombi; Inhaber Verband der Automobilindustrie e.V.. URL: http://www.tmdb.de/de/marke/Eurocombi,DE30649906.html [Stand: 28.12.2012].

TMDB GmbH (2012): Markeneintragung Ecocombi; Inhaber Daimler AG. URL: http://www.tmdb.de/de/marke/ECOCOMBI,DE30516475.html[Stand: 28.12.2012].

Verband der Automobilindustrie e. V. (2012a): Feldversuch mit Lang-Lkw: eine erste Zwischenbilanz. URL: http://www.vda.de/de/meldungen/news/20120912-1.html [Stand: 28.12.2012].

Verband der Automobilindustrie e. V. (2012b): Lang-Lkw: Interesse der Transportunternehmen und Speditionen steigt; Podiumsdiskussion auf IAA Nutzfahrzeuge. URL: http://www.vda.de/de/meldungen/news/20120923-4.html [Stand: 28.12.2012].

VerkehrsRundschau (2004): IAA 2004: Krone präsentiert Giga-Liner mit 60 Tonnen. URL: http://www.verkehrsrundschau.de/iaa-2004-krone-praesentiert-giga-liner-mit-60-tonnen-77899.html[Stand: 28.12.2012].

VerkehrsRundschau (2011): Niederlande lassen 25-Meter-LKW fahren. URL: http://www.verkehrsrundschau.de/niederlande-lassen-25-meter-lkw-fahren-1032781.html [Stand: 28.12.2012].

VerkehrsRundschau (2012): Der dänische Verkehrsminister zum Feldversuch Lang-Lkw in Dänemark. URL: http://www.verkehrsrundschau.de/kristensen-unser-feldversuch-hat-die-skeptiker-ueberzeugt-1100439.html [Stand: 28.12.2012].

Wöhrmann, M. (2008): Fahrdynamische Analyse innovativer Nutzfahrzeugkonzepte. FAT-Schriftenreihe 220. Frankfurt am Main: FAT.

Wöhrmann, M. (2009): Querdynamische Analyse und Optimierung neuartiger Nutzfahrzeugkonzepte. Dissertation. RWTH, Fakultät für Maschinenwesen: Aachen.

Anlagenverzeichnis

Anlage		Seite
Anlage 1:	Online-Umfrage des Autors	76
Anlage 2:	Auskunft Herr XY	80

Anlage 1

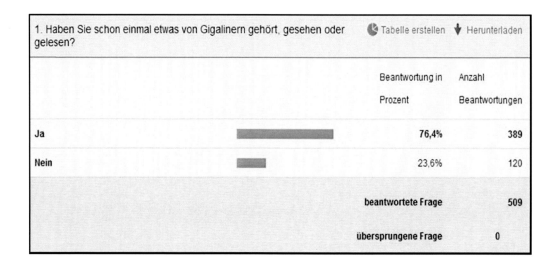

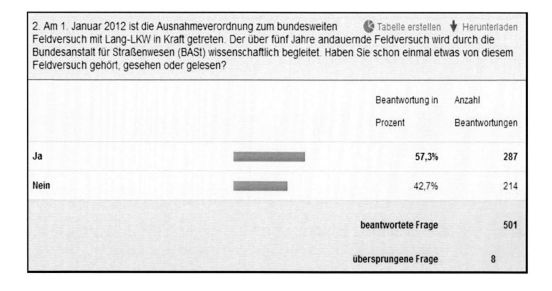

Hier sehen Sie die im Feldversuch eingesetzten Fahrzeuge und Fahrzeugkombinationen. Diese dürfen nur auf einem genau festgelegten Streckennetz fahren.

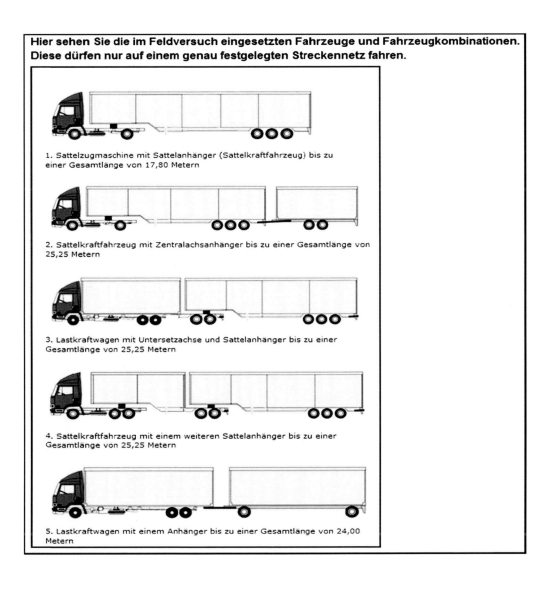

1. Sattelzugmaschine mit Sattelanhänger (Sattelkraftfahrzeug) bis zu einer Gesamtlänge von 17,80 Metern

2. Sattelkraftfahrzeug mit Zentralachsanhänger bis zu einer Gesamtlänge von 25,25 Metern

3. Lastkraftwagen mit Untersetzachse und Sattelanhänger bis zu einer Gesamtlänge von 25,25 Metern

4. Sattelkraftfahrzeug mit einem weiteren Sattelanhänger bis zu einer Gesamtlänge von 25,25 Metern

5. Lastkraftwagen mit einem Anhänger bis zu einer Gesamtlänge von 24,00 Metern

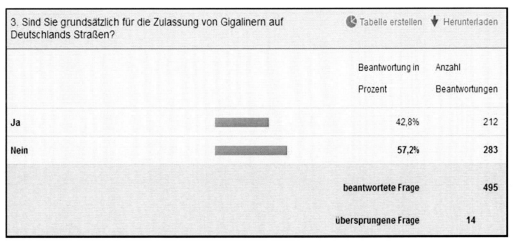

3. Sind Sie grundsätzlich für die Zulassung von Gigalinern auf Deutschlands Straßen?

	Beantwortung in Prozent	Anzahl Beantwortungen
Ja	42,8%	212
Nein	57,2%	283
	beantwortete Frage	495
	übersprungene Frage	14

Bitte lesen Sie sich folgende Argumentation durch:

1) Der Gigaliner ist genauso schwer, breit und hoch wie ein normaler Lkw. Lediglich die Länge beträgt maximal 25,25 Meter statt bisher maximal 18,75 Meter. Der Gigaliner wird vor allem für den Transport großvolumiger Güter eingesetzt.
2) Da sich das gleiche Gewicht auf mehr Achsen verteilt, sind die Gigaliner selbst voll beladen sogar straßen- und brückenschonender als die heute üblichen Lkw.
3) Frühere Feldversuche in Deutschland und Europa haben kein erhöhtes Unfallrisiko durch den Einsatz von Gigalinern feststellen können.
4) Gigaliner haben einen geringeren Kraftstoffverbrauch und Schadstoffausstoß pro transportierter Tonne als bisher zugelassene Lkw, was zu einer geringeren Umweltbelastung führt.
5) Gigaliner können deutlich mehr Fracht laden als bisher zugelassene Lkw und so die Transportkosten verringern.

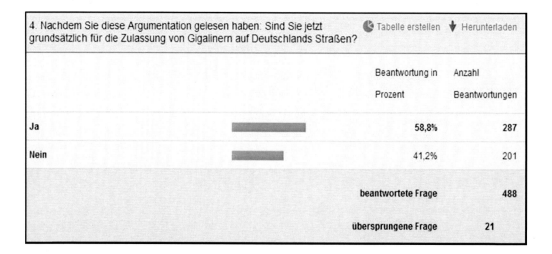

4. Nachdem Sie diese Argumentation gelesen haben: Sind Sie jetzt grundsätzlich für die Zulassung von Gigalinern auf Deutschlands Straßen?		Beantwortung in Prozent	Anzahl Beantwortungen
Ja		58,8%	287
Nein		41,2%	201
		beantwortete Frage	488
		übersprungene Frage	21

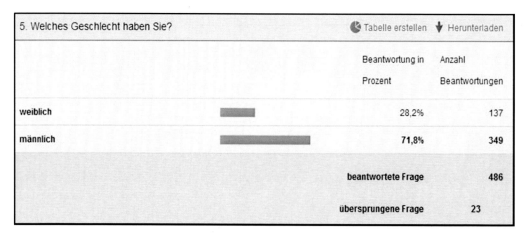

5. Welches Geschlecht haben Sie?		Beantwortung in Prozent	Anzahl Beantwortungen
weiblich		28,2%	137
männlich		71,8%	349
		beantwortete Frage	486
		übersprungene Frage	23

6. Wie alt sind Sie?		Beantwortung in Prozent	Anzahl Beantwortungen
jünger als 16 Jahre		0,6%	3
zwischen 16 und 29 Jahre		33,7%	164
zwischen 30 und 44 Jahre		52,5%	255
zwischen 45 und 59 Jahre		11,5%	56
60 Jahre oder älter		1,6%	8
		beantwortete Frage	486
		übersprungene Frage	23

Anlage 2

Sehr geehrter Herr Heidmann,

vielen Dank für Ihre E-Mail. Zunächst eine Vorbemerkung zum Gewicht. Wir glauben nicht, dass die derzeitige Gewichtsbeschränkung von 40 bzw. 44 t langfristig aufrechterhalten werden kann. Überall dort wo Gigaliner in größerem Umfang eingesetzt werden, wiegen sie auch 60 Tonnen (Schweden, Finnland, Dänemark, Norwegen, Niederlande). Deshalb dreht sich auch die europäische Debatte immer um 25 Meter und 60 Tonnen. Auch die Fahrzeuge, die in Deutschland fahren, sind technisch bereits für 60 Tonnen ausgelegt. Da die Lkw-Maße und -gewichte von der EU geregelt werden (Richtlinie 96/53), könnte sich Deutschland bei einer Änderung auch nicht widersetzten, ganz egal wie oft beteuert wird, dass es keine Gewichtsanhebung geben soll. Hier die Meinung des Verbandes der international tätigen dänischen Spediteure dazu:

"Wir fahren bereits in Dänemark und anderen Ländern mit 60 Tonnen und sind froh, dass wir jetzt auch südlich der Grenze (in Deutschland) fahren dürfen. Der nächste Schritt wird sein, dort auch mit dem gleichen Gewicht (60 t) und durch ganz Deutschland zu fahren." (http://www.itd.dk/Nyheder/Presse/PresseItem.aspx?NewsID=332)

Auch in Deutschland fordern Spediteure bereits die Anhabung des Gewichts: "Während Georg Reischl, Geschäftsführer der gleichnamigen Spedition aus Bayern, eine moderate Anhebung auf 46 bis 48 t vorschlägt, würden manche Kollegen gerne die 60-Tonner fahren lassen." (http://www.dvz.de/rubriken/single-view/nachricht/ruf-nach-mehr-freiheit.html)

Nun zu Ihren Fragen:

1. Was sehen Sie als größten Nachteil bei der Zulassung von "Gigalinern"?
Der größte Nachteil einer Zulassung von übergroßen Lkw liegt in den negativen Auswirkungen auf andere Verkehrsträger. Die Zulassung von Riesen-Lkw würde den Transport auf der Straße um ca. 20 bis 30 Prozent verbilligen. Diese Kostenreduktion würde dazu führen, dass Verlader ihre Transporte von der umweltfreundlichen und sicheren Schiene zurück auf den Lkw verlagern. Die Verlagerungseffekte durch Riesen-Lkw im Verkehrsmarkt wurden bereits von zahlreichen Studien untersucht. Diese Studien können Sie hier herunterladen:
http://www.nomegatrucks.eu/deu/wissenschaftliche-studien/. Die aktuellste Studie von K+P/Fraunhofer (http://www.nomegatrucks.eu/deu/wissenschaftliche-studien/kp-fraunhofer-verkehrsverlagerung-gigaliner-bahn/) prognostiziert einen Verlust bei der Schiene

von über 35 Prozent der Verkehrsleistung im Eisenbahn-Einzelwagenverkehr und 12 Prozent im kombinierten Verkehr. Verlagerungen dieser Größenordnung würden zu einer Abwärtsspirale führen, mit der Folge, dass die genannten Marktsegmente nicht mehr rentabel betrieben werden könnten. Diese Verlagerungen hätten zur Folge, dass langfristig auch der CO_2-Ausstoß des Verkehrssektors insgesamt ansteigen würde. Dieser Effekt wurde vom Fraunhofer-Institut bereits 2009 untersucht: http://www.isi.fraunhofer.de/isi-de/service/presseinfos/2009/pri09-06.php

2. Sehen Sie vielleicht auch Vorteile bei der Zulassung von "Gigalinern"?

Nein. Die von den Befürwortern angeführten Kostenreduzierungen im Straßengüterverkehr kommen nur einer kleinen Gruppe von Profiteuren zugute, während die Kosten auf die Gesellschaft als Ganzes abgewälzt werden. Allein die Ertüchtigung der Autobahnbrücken in Deutschland würde laut einer Studie des Bundesanstalt für Straßenwesen mit bis zu 8 Mrd. Euro zu Buche schlagen. Für die Brücken auf Bundesstraßen kämen nochmal 3 Mrd. hinzu (s. hier: http://www.bast.de/cln_033/nn_42642/DE/Publikationen/Download-Berichte/downloads/V1-Neue-Fahrzeugkonzepte,templateId=raw,property=publicationFile.pdf/V1-Neue-Fahrzeugkonzepte.pdf, S. 27). Dabei sind die Kosten für den Ausbau von Kreisverkehren, Parkplätzen und Tunneln (höhere Brandlast aufgrund des größeren Volumens) noch nicht einmal berücksichtigt.

3. Wie beurteilen Sie den bisherigen Verlauf des Feldversuchs Lang-Lkw?

Der sogenannte "Versuch" ist nicht ergebnisoffen und dient auch nicht dazu neue Erkenntnisse zu gewinnen. Sämtliche Fakten zum Thema liegen bereits seit Jahren auf dem Tisch. Diverse Studien haben sich mit den Auswirkungen von Riesen-Lkw auf die Umwelt, die Verkehrssicherheit und auf andere Verkehrsträger befasst. In den vergangenen Jahren wurden auch bereits Testfahrten in verschiedenen Bundesländern durchgeführt. Der sogenannte "Versuch" dient vielmehr dazu Riesen-Lkw schrittweise durch die Hintertür in Deutschland zuzulassen. Ganz ähnlich war auch die Vorgehensweise in anderen europäischen Ländern: In Dänemark war der Versuch zunächst auf drei Jahre begrenzt. Nach nicht einmal der Hälfte des "Testzeitraums" wurde bereits die Verlängerung bis 2017 verkündet. In den Niederlanden wurden Riesen-Lkw 2007 mit reduziertem Gewicht zugelassen. Ein halbes Jahr später wurde das Gewicht bereits auf 60 Tonnen erhöht.

Nach einem Jahr "Feldversuch" in Deutschland kann man bilanzieren, dass die Nachfrage selbst im Straßentransportsektor mager ist. Zur Zeit sind lediglich 19 Speditionen und 34 Riesen-Lkw für den Versuch registriert. Wie viele Fahrzeuge davon tatsächlich im Einsatz sind kann nicht einmal die Bundesanstalt für Straßenwesen beziffern, die den Versuch begleiten soll. Ursprünglich hatte das Bundesverkehrsministerium mit 400 Teilnehmern gerechnet. Die geringe Nachfrage ist auch darin begründet, dass viele kleine Spediteure keinen Vorteil von Riesen-Lkw hätten, wie diese Zitate von Fuhrunternehmern zeigen: http://www.allianz-pro-schiene.de/presse/pressemitteilungen/-2011/010-spediteure-und-fahrer-wollen-keine-gigaliner/speditionen-skeptisch-beim-gigaliner.pdf

4. Könnten Sie sich auch einen Kompromiss vorstellen, wie ihn z.B. ADAC und BGL angeregt haben (maßvolle Verlängerung von Sattelzügen auf 17,85 Meter)?

Ein verlängerter Sattelauflieger wäre im Vergleich zum 25 Meter Riesen-Lkw das kleinere Übel. Aber auch diese Fahrzeuge sind vor allem im kombinierten Verkehr Straße/Schiene nicht unproblematisch wie diese Studie zeigt: http://www.nomegatrucks.eu/deu/service/download/k-und-p-studie-2-langfassung.pdf#page=75. Grundsätzlich hilft hier der verkehrsträgerübergreifende Blick. Dem Verkehrssystem als Ganzem ist nicht geholfen, wenn die Wettbewerbsbedingungen schrittweise zugunsten des Lkw verschoben werden - denn auch fortwährende geringe Längen- und Gewichtsanhebungen haben Auswirkungen auf andere Verkehrsträger, die Infrastruktur und die Verkehrssicherheit. Anstelle eines faulen Kompromisses brauchen wir die Verkehrswende. Die positive Entwicklung der Eisenbahn im Güterverkehr (https://www.allianz-pro-schiene.de/gueterverkehr/bedeutung-schienengueterverkehr-wirtschaftsstandort-deutschland/) muss unterstützt werden. Längen- und Gewichtsänderungen beim Lkw, die sich zuungunsten der Schiene auswirken, würden die Erfolge der vergangene Jahre stattdessen zunichtemachen.

5. Haben Sie alternative Lösungen, wie man den wachsenden Güterverkehr in den nächsten Jahren bewältigen kann?

Wir sind skeptisch was das prognostizierte Wachstum des Verkehrsaufkommens angeht. Wenn man die Zahlen der letzten 20 Jahre betrachtet, zeigt sich, dass das Aufkommen (Tonnen) nur geringfügig gewachsen ist - obwohl es in diesem Zeitraum genügend Gründe für ein Wachstum gegeben hätte (EU-Osterweiterung, Deutsche Einheit, relativ günstige Dieselpreise). Von 1991 bis 2009 betrug das Wachstum lediglich 1,5 Prozent (s. hier: http://www.boeckler.de/pdf_fof/S-2010-403-1-1.pdf, S. 21). Stärker gewachsen ist dagegen die Verkehrsleistung. Das heißt, es werden nicht immer mehr Güter transportiert, sondern die Transportentfernungen steigen. Diese Entwicklung spricht für die Schiene, die gerade auf langen Strecken ihre Stärken ausspielen kann. Die Lösung für ein effizienteres Verkehrssystem der Zukunft liegt also nicht darin immer längere und schwere Lkw zuzulassen, sondern alternative Verkehrsträger wie die Eisenbahn zu fördern. Hier kommt es insbesondere auf eine leistungsfähige Infrastruktur an.

Der EU-Vergleich zeigt, dass gerade Deutschland hier noch Nachholbedarf hat (https://www.allianz-pro-schiene.de/infrastruktur/europavergleich-schieneninvestitionen/).

6. Bitte nennen Sie mir noch Ihren Namen und Ihre Funktion/Position für die Angabe in meinem Quellenverzeichnis.

Herr XY, Allianz pro Schiene, Koordinator der EU-weiten Kampagne No Mega Trucks (www.nomegatrucks.eu)

Sehr geehrter Herr Heidmann, ich hoffe die Antworten helfen Ihnen bei Ihrer Studie. Für Rückfragen stehe ich selbstverständlich gern zur Verfügung.

Mit freundlichen Grüßen

Herr XY